Ken Davis

Clownflakes zum Frühstück

*Andachten, die dir
die Müdigkeit verderben*

BRUNNEN
Verlag GmbH · Giessen

This book was first published in the United States by BroadStreet Publishing, 2745 Chicory Road, Racine, WI 53403, Copyright © 2014, by Ken Davis. Translated by permission.

Titel der amerikanischen Originalausgabe: *Lighten Up and Live*
© 2014 Ken Davis
Veröffentlicht mit Genehmigung von BroadStreet Publishing, Racine, USA.

Aus dem Englischen von Angela Klein-Esselborn
Lektorat: Konstanze von der Pahlen, Lena Gresser

Die Bibelstellen sind der Übersetzung *Hoffnung für alle*®
entnommen, Copyright © 1983, 1996, 2002 by Biblica, Inc.®.
Verwendet mit freundlicher Genehmigung
von Fontis – Brunnen Basel.

Der mit *NGÜ* gekennzeichnete Bibeltext ist der *Neuen Genfer Übersetzung – Neues Testament und Psalmen* entnommen. Copyright © 2011 Genfer Bibelgesellschaft.

Der mit *NLB* gekennzeichnete Bibeltext ist der Übersetzung *Neues Leben. Die Bibel* entnommen,
© 2002 und 2006 SCM-Verlag GmbH & Co. KG, Witten.

MIX
Papier aus verantwortungsvollen Quellen
FSC
www.fsc.org
FSC® C083411

© der deutschen Ausgabe: 2016 Brunnen Verlag Gießen
www.brunnen-verlag.de
Umschlagfoto: shutterstock
Umschlaggestaltung: Jonathan Maul
Satz: DTP Brunnen
Druck: CPI – Ebner & Spiegel, Ulm
ISBN 978-3-7655-4283-1

Bevor's losgeht

Andachten gibt's in allen möglichen Formen und Arten. In diesem Buch soll dir der Spaß den Weg zu Gottes Wahrheiten frei machen. Mein Tag läuft besser, wenn ich ihn mit einem Lächeln beginne. Und wenn ich mich auf eine bestimmte Aussage in der Bibel konzentriere und sie dann tagsüber anwende.

Die 77 lustigen Gedankenkicks hier sollen kein Ersatz für deine regelmäßige Bibellese sein. Aber sie können dich inspirieren, mehr Spaß an Gottes Wort zu haben und dich lieber damit zu beschäftigen.

Wenn möglich, lies jeden Morgen oder Abend einen der kurzen Impulse mit deiner Familie oder deinen Freunden. Erzählt euch noch mehr lustige Geschichten. Lachen ist absolut erlaubt! Betet gemeinsam über das Thema. Wenn du die Bibelstellen zum Abtauchen liest, kannst du dich noch intensiver damit beschäftigen. Tausch dich mit anderen darüber aus, wie Gott durch einen bestimmten Gedankenkick etwas in eurem Leben bewirkt hat.

Ich bete dafür, dass Gott dich beim Lesen lachen hört. Und dass er dein Herz mit dem eigentlichen Anliegen jeder einzelnen Geschichte berührt. Und ganz besonders dafür, dass er dir Lust darauf macht, mehr in seinem Wort zu lesen.

Also: Lesen, lachen, leben – los!

1

Die Schnecken sind schuld

Ein Ehepaar hatte zu einer Party eingeladen. Eine Stunde bevor es losgehen sollte, fiel der Frau ein, dass sie für ihre feine Vorspeise noch Weinbergschnecken brauchte. Also schickte sie ihren Mann einkaufen.

Unterwegs kam er an einem Minigolfplatz vorbei. Kurz entschlossen stellte er seinen Wagen ab, lieh sich einen Schläger und spielte eine Runde. Anderthalb Stunden später schaute er auf die Uhr und stellte erschrocken fest, dass die Party schon längst angefangen hatte. Schnell rannte er los, kaufte einen Eimer Schnecken und fuhr heim.

Zu Hause versuchte er sich unbemerkt in die Küche zu stehlen, doch er stolperte, und die Schnecken verteilten sich über den ganzen Boden. Als seine Frau das Gepolter hörte, stürmte sie in die Küche. Ohne zu zögern, rief der Mann mit dem Blick Richtung Boden: „Los, Jungs, gleich haben wir's geschafft!"

Wir kennen das doch alle: Wie schnell lassen wir uns von unserer eigentlichen Aufgabe ablenken! Es ist nicht so schlimm, wenn man gerade den Schreibtisch aufräumt, ein Buch in die Hand nimmt und sich auf einmal ins Lesen vertieft. Doch vom Ziel deines Lebens solltest du dich auf keinen Fall ablenken lassen. Wenn du dich nicht hinterher über Versäumnisse ärgern willst, bleibe ihm unbeirrt auf der Spur und gib richtig Gas!

Paulus sagt:

Mit aller Kraft laufe ich darauf zu, um den Siegespreis zu gewinnen, das Leben in Gottes Herrlichkeit. Denn dazu hat uns Gott durch Jesus Christus berufen (Philipper 3,14).

Lass dich durch nichts von dieser Berufung ablenken. Am Ende bleibt dir keine Zeit mehr, den Schnecken die Schuld zu geben.

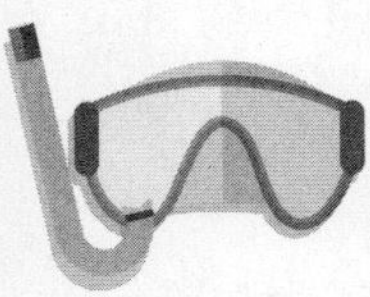

Zum Abtauchen: Philipper 3,7-14

2

Bremsen ist auch (k)eine Lösung

Wir waren auf dem Weg zum Gottesdienst. Meine Töchter saßen hinten im Auto und stritten wegen jeder Kleinigkeit.

„Hier sitze ich immer!", brüllte die eine. „Du hast auf meiner Seite Luft geholt."

„Sie guckt andauernd zu mir rüber!", schrie die andere zurück.

Ich richtete den Rückspiegel auf die Streithühnchen und warf ihnen den „liebevollen Sonntagmorgenblick" zu – ein Funkeln, das sie unmissverständlich vor den Folgen warnte, wenn sie nicht aufhörten mit der Kabbelei. Darauf folgte ein Donnerwetter, das gespickt war mit Fragen, auf die es eigentlich keine Antwort gab:

„Soll ich zu euch nach da hinten kommen?"

„Wenn ich anhalten muss, ist aber was los. Klar?"

Mit der Hand nach ihnen zu tasten, war sinnlos. Kinder haben ein angeborenes Navi für die eine einzige Stelle im Auto, wo der Fahrer mit seinem Arm niemals hinkommt.

Wie oft habe ich mich schon gefragt, wie ich vom Steuer aus ein Kind erziehe, bis mich mal ein älterer Herr zur Seite nahm und mir zuflüsterte: „Einmal kurz und kräftig auf die Bremse treten, dann spuren sie schon."

Leider können uns solche Streitereien bis ins Erwachsenenalter begleiten – und zwar mit verheerenden Folgen: zerstörte Freundschaften und Familien, gespaltene Gemeinden, Bitterkeit und Rachegedanken.

Im Römerbrief hat der Apostel Paulus den Gläubigen folgende Anweisung gegeben:

Vergeltet niemals Unrecht mit neuem Unrecht. Seid darauf bedacht, allen Menschen Gutes zu tun. Soweit es irgend möglich ist und von euch abhängt, lebt mit allen Menschen in Frieden (Römer 12,17-18).

Und wenn das nicht klappt, gibt es immer noch die Bremse.

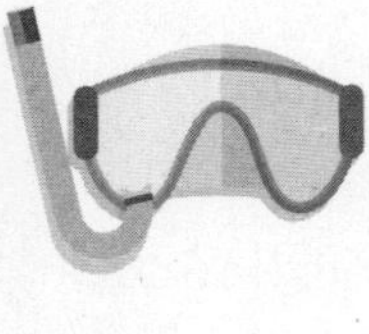

Zum Abtauchen: Römer 12,9-21

3

Geist-Erfahrer

In einer stockfinsteren Nacht, in der es wie aus Eimern schüttete, stand ein Anhalter an der Straße. Er konnte kaum noch die Hand vor seinen Augen sehen.

Mit einem Mal kam ganz langsam ein Auto auf ihn zu und hielt neben ihm an.

In der Dunkelheit tastete der Anhalter nach dem Griff und öffnete die Wagentür. Schnell sprang er auf die Rückbank und zog die Tür zu. Da erst bemerkte er, dass niemand am Steuer saß! Das Auto rollte langsam wieder los, direkt auf eine Kurve zu. Voller Todesangst begann er zu beten und um sein Leben zu flehen.

Kurz vor der Kurve kam plötzlich eine Hand durch das Fahrerfenster und ergriff das Lenkrad. Vor Schreck wie gelähmt, beobachtete der Mann, wie jedes Mal vor einer Kurve die Hand erschien.

Schließlich nahm er all seinen Mut zusammen, sprang aus dem Auto und rannte ins nächste Dorf. Dort taumelte er in einen Gasthof und erzählte allen, was passiert war.

Als die Leute merkten, dass der Anhalter keinen Blödsinn erzählte, verstummten sie.

Eine halbe Stunde später kamen zwei Männer in den Gasthof. Während sie sich noch nach einem Tisch umsahen, sagte der eine plötzlich: „Joachim, guck mal – das ist doch der Typ, der ins Auto sprang, als wir es geschoben haben."

Erkennst du im Rückblick, dass Gottes Hand dir in bestimmten Situationen geholfen hat, das Steuer in die richtige Richtung zu lenken? Lass ihn doch jeden Tag die Richtung vorgeben. Und fang heute damit an.

Verlass dich nicht auf deine eigene Urteilskraft, sondern vertraue voll und ganz dem Herrn! Denke bei jedem Schritt an ihn; er zeigt dir den richtigen Weg und krönt dein Handeln mit Erfolg (Sprüche 3,5-6).

4

Einfach mal die Klappe halten

Meine Frau Diane und ich machten einmal eine Fahrradtour, als ich plötzlich einen heftigen Hustenanfall bekam. Ich trudelte an den Straßenrand, legte mich ins Gras und bemühte mich, wieder Luft zu bekommen. Schließlich hustete ich einen riesigen Käfer aus, der aus meinem Mund purzelte.

Als Diane mitbekam, woher mein Hustenanfall gekommen war, fing sie ganz schrecklich an zu lachen – allerdings nicht, bevor sie das prähistorische Wesen umgebracht hatte. „Wie oft habe ich dir schon gesagt, du sollst deinen Mund halten?", japste sie.

Natürlich wollte sie mich damit bloß aufziehen; aber an ihrem Kommentar knabbere ich noch immer. Mein erster Impuls ist: richtigstellen, widersprechen, bewerten oder mit einem einzigen Satz alles wegwischen.

So viele Beziehungen zerbrechen daran, dass Leute reden, bevor sie denken oder zuhören. Mein Vater, der noch im Zweiten Weltkrieg gekämpft hatte, sagte immer: „Feind hört mit. Eine lockere Zunge versenkt Schiffe." Er meinte damit: Wer unbedacht Dinge ausplaudert, kann ganz schön viel Unheil anrichten.

Die Heilige Schrift lässt keinen Zweifel daran, dass wir sorgsam mit unseren Worten umgehen sollten.

Herr, hilf mir, den Mund zu halten, wenn ich schweigen soll (Psalm 141,3)!

Nur ein Dummkopf redet, ohne nachzudenken. Aber ein geschlossener Mund kann keine blöden Sprüche von sich geben – und lässt auch keine Käfer hinein ...

5

Sandwich, ade!

In der Oberstufe war ich in der Leichtathletikmannschaft unserer Schule und trainierte für den 800-Meter-Lauf. Eines Tages stand ein wichtiger Wettkampf an und ich war startbereit.

Der Tag war sehr wichtig für mich, denn von der Tribüne aus schaute mir meine Freundin zu. Okay, ich gebe zu, ich hatte noch nie mit ihr geredet – aber ich hätte sie gerne als Freundin gehabt. Ich dachte, wenn ich dieses Rennen gewinne, dann würde sie mir vielleicht ihre Aufmerksamkeit und ihre Zuneigung schenken.

Als der Startschuss ertönte, ging ich ab wie eine Rakete. Nach der ersten Runde war ich den anderen schon um einiges voraus. Doch plötzlich ging mir die Puste aus. Ich versuchte weiterzulaufen, aber nichts ging mehr.

Ich war zu schnell losgerannt.

Mein Magen schickte eine Meldung an mein Hirn, dass das Sandwich, das ich vorher gegessen hatte, nicht mehr mitlaufen wollte. Schon kniete ich auf dem Rasen neben der Laufbahn. Erst kam mir das Sandwich hoch, dann die Pizza von vor ein paar Tagen.

Statt mir das Tempo einzuteilen und so zu laufen, dass ich auch ans Ziel kommen konnte, hatte ich um jeden Preis versucht, der Schnellste zu sein. Im Endeffekt schaffte ich weder das eine noch das andere.

Auch im Leben geht es nicht um Geschwindigkeit, sondern um Ausdauer. Deshalb gibt uns der Verfasser des Hebräerbriefes den Rat:

Mit zäher Ausdauer wollen wir auch noch das letzte Stück bis zum Ziel durchhalten. Dabei wollen wir nicht nach links oder rechts schauen, sondern allein auf Jesus. Er hat uns den Glauben geschenkt und wird ihn bewahren, bis wir am Ziel sind (Hebräer 12,1-2).

6

Die Unzurechnungsfähigkeit von Golfbällen

Ich spiele leidenschaftlich Golf. Doch irgendwie war mein Golfball zum wasserliebenden Flugobjekt mutiert. Daher nahm ich die Hilfe eines Golfprofis in Anspruch. Er sollte mir beibringen, wie ich den Ball auf das Fairway – also die eigentliche, grasbewachsene Spielbahn – lenken konnte.

Der erste Ball, den ich abschlug, flog im hohen Bogen in einen See rechts vom Fairway. „Sie stehen zu steif da", meinte der Profi. „Lockern Sie sich, bevor Sie abschlagen. Dann sind Sie entspannter."

Also lockerte ich mich und schlug den Ball. Er schnellte empor und landete wieder genau im See. Ich bekam einen weiteren Ball, machte meine Lockerungsübung und erneut landete der Ball im See.

Wenn ich auf die hübschen Häuser *neben* dem Fairway gegenüber dem See ziele, dachte ich, dann landet der Ball bestimmt auf dem Fairway. Also legte ich den Ball auf das „Tee" (ein kleiner Ballhalter, der im Boden steckt), lockerte mich und schlug, so fest ich konnte. Der Ball traf auf die Innenseite meines Schlägers, prallte dann an meine Ferse, um schließlich über das Gras genau in den See hineinzusausen.

Jemand hat Unzurechnungsfähigkeit mal so definiert, dass jemand ein und dasselbe immer und immer wieder macht – aber erwartet, dass etwas anderes dabei herauskommt. An diese Definition halte ich mich jedes Mal, wenn ich den Golfplatz betrete.

Die Bibel hat ein Mittel für diese Art von Unzurechnungsfähigkeit, nämlich Umkehr. Das heißt, die Richtung zu ändern. Gottes Volk braucht manchmal eine Dosis Zurechnungsfähigkeit.

Wenn dieses Volk, das meinen Namen trägt, seine Sünde bereut, von seinen falschen Wegen umkehrt und nach mir fragt, dann will ich ihnen vergeben und ihr Land wieder fruchtbar machen (2. Chronik 7,14).

Wird es Zeit für ein bisschen Zurechnungsfähigkeit in deinem Leben?

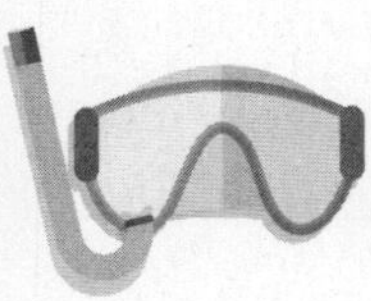

Zum Abtauchen: 2. Chronik 7,11-16

7

Von Würmern und Wahrheiten

Ein Prediger wollte mit einer anschaulichen Vorführung die Aussage seiner Sonntagspredigt noch betonen. Dazu hatte er vier Würmer in vier verschiedene Einmachgläser gesteckt.

Der erste Wurm schwamm in einem Glas mit Alkohol.

Der zweite Wurm steckte in einem Glas mit Zigarettenrauch.

Der dritte Wurm saß in einem Glas mit Schokosoße.

Der vierte Wurm war in einem Glas mit guter, sauberer Erde.

Zum Schluss seiner Predigt teilte der Prediger folgendes Ergebnis mit:

Der erste Wurm im Alkohol – tot.

Der zweite Wurm im Zigarettenrauch – tot.

Der dritte Wurm in der Schokosoße – tot.

Der vierte Wurm in der guten sauberen Erde – lebendig.

Da fragte der Prediger seine Zuhörer, was sie daraus lernten. Rasch meldete sich eine ältere Frau in der letzten Reihe und sagte: „Solange man trinkt, raucht und Schokolade isst, bekommt man keine Würmer!" Damit war der Gottesdienst natürlich gelaufen.

Die Logik der alten Dame ist so schief, dass sie schon wieder lustig ist. Kommt dir das ein bisschen bekannt vor? Wir Menschen tun manchmal alles Erdenkliche, um die Wahrheit so hinzubiegen, wie es uns passt.

Hör dir das mal an:

Gott lässt aber auch seinen Zorn sichtbar werden. Vom Himmel herab trifft er alle Menschen, die sich gegen Gott auflehnen und so die Wahrheit mit Füßen treten. Sie führen ein Leben ohne Gott und tun, was ihm missfällt. Dabei wissen sie ganz genau, dass es Gott gibt, er selbst hat ihnen dieses Wissen gegeben (Römer 1,18-19).

Also: Lass den Deckel auf dem Glas mit dem ungesunden Zeug lieber zu!

Jesus sagte: „Wenn ihr an meinen Worten festhaltet und das tut, was ich euch gesagt habe, dann gehört ihr wirklich zu mir. Ihr werdet die Wahrheit erkennen, und die Wahrheit wird euch befreien" (Johannes 8,31-32).

8

Was ist los, Kumpel?

In einem piekfeinen Theater lag ein Mann quer über drei Sitze. Als der Platzanweiser das sah, ging er zu ihm und flüsterte dem Mann zu: „Entschuldigen Sie bitte, aber Sie dürfen nur einen Sitz benutzen."

Der Mann ächzte, rührte sich jedoch nicht.

Der Platzanweiser wurde ungeduldig. „Wenn Sie jetzt nicht aufstehen, mein Herr, muss ich den Intendanten rufen."

Wieder ächzte der Mann bloß. Erbost stapfte der Platzanweiser den Gang entlang, um den Intendanten zu holen. Wenig später beugten sich sowohl der Platzanweiser als auch der Intendant über den Mann. Gemeinsam versuchten die beiden, ihn zum Aufstehen zu bewegen, jedoch ohne Erfolg. Schließlich riefen sie die Polizei.

Der Polizist prüfte kurz die Lage und fragte dann: „Also los, Kumpel, wie heißen Sie?"

„Sam", ächzte der Mann.

„Woher kommen Sie?"

Unter Schmerzen stöhnte der Mann: „Da oben … vom ersten Rang."

Diesem Mann mussten keine Verhaltensregeln vorgetragen werden. Er war so verletzt, dass er auf die Anordnungen des Platzanweisers einfach nicht hatte reagieren können.

Die richtigen Fragen, ein mitfühlendes Ohr und eine höfliche Antwort – das sind die Zutaten für ein wirkungsvolles Zeugnis.

Christus, der Herr, soll der Mittelpunkt eures Lebens sein. Seid immer dazu bereit, denen Rede und Antwort zu stehen, die euch nach eurem Glauben und eurer Hoffnung fragen. Begegnet ihnen freundlich und mit Respekt (1. Petrus 3,15-16).

9

Schluckauf und andere Bremshügel

Eine ältere Dame kam in die Ambulanz einer Klinik und wurde von einem jungen neuen Arzt untersucht. Nach etwa drei Minuten sagte ihr der Arzt, sie sei schwanger. Die Dame stürmte zur Tür hinaus und rannte kreischend den Flur entlang. Ein älterer Arzt trat ihr in den Weg und fragte, was sie denn habe. Sie erzählte ihm, was sie erfahren hatte. Der Mann hörte der älteren Dame geduldig zu und bat sie dann, in einem anderen Untersuchungszimmer Platz zu nehmen und sich zu entspannen.

Dann ging der Arzt schnurstracks zu seinem jungen Kollegen. „Was ist denn in Sie gefahren? Frau Diepenstein ist dreiundsechzig Jahre alt, hat vier erwachsene Kinder und sieben Enkelkinder, und da erzählen Sie ihr, sie sei schwanger?"

Ungerührt schrieb der junge Arzt weiter seine Notizen und fragte schließlich, ohne aufzusehen: „Hat sie noch ihren Schluckauf?"

Die Geschichte erinnert mich an etwas, das ich seit meiner Kindheit immer wieder gehört habe: „Geheimnisvoll sind die Wege des Herrn."

Allzu oft reagieren wir auf jeden Bremshügel im Leben damit, dass wir verzweifelt aufheulen – statt einen Augenblick darüber nachzudenken, wie Gott uns mit einem bestimmten Erlebnis Gutes tun könnte.

Das eine aber wissen wir: Wer Gott liebt, dem dient alles, was geschieht, zum Guten. Dies gilt für alle, die Gott nach seinem Plan und Willen zum neuen Leben erwählt hat (Römer 8,28).

Wenn du vor eine Herausforderung gestellt wirst, lauf nicht schreiend davon – entspann dich! Glaube daran, dass Gott diese Situation für etwas Gutes nutzen kann. Vielleicht versucht er ja, dich von einer Art Schluckauf in deinem Leben zu befreien.

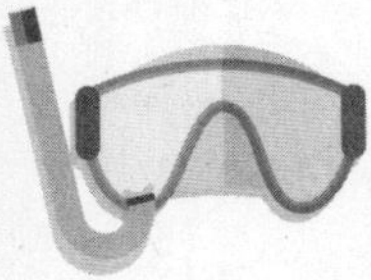

Zum Abtauchen: Römer 8,18-29

10

Gar nicht glatt

Ein kleines Mädchen fragte ihre Mama: „Darf ich raus, mit den Jungs spielen?“

„Nein“, erwiderte die Mutter, „du darfst nicht mit den Jungs spielen; die sind für dich zu rau.“

Das Mädchen dachte einen Augenblick nach und fragte dann: „Und wenn ich einen glatten finde, darf ich dann mit ihm spielen?“

In unserer Familie würde die Antwort lauten: „Nein, so etwas wie einen ‚glatten‘ Jungen gibt es nicht.“

Mein Enkel ist das perfekte Beispiel. Er ist süß und aufgeweckt und kaut dir mit seinen Fragen gern das Ohr ab, aber er ist nicht „glatt“. Oft genug habe ich beobachtet, wie meine drei Enkelinnen in Tränen ausbrechen, wenn ihre Händchen schmutzig werden. Zum Ausgleich stopft sich mein Enkelsohn mit vollen Händen Dreck in den Mund.

In mir sträubt sich alles, wenn ich Bilder sehe, auf denen Christus „glatt“ und „herzig“ dargestellt ist. Die Bibel malt ein ganz anderes Bild. Da ist der Mann, dessen Hände alles, was uns umgibt, geschaffen haben und erhalten. Da ist der Mann, der die Tische der Geldwechsler umwirft und Dämonen austreibt. Da ist Gott in Menschengestalt, der das Kreuz auf sich nimmt und von den Toten aufersteht.

Jesus war schroff, mutig, liebevoll und einfühlsam. Aber er war nicht „glatt“.

Darum hat ihn Gott erhöht und ihm den Namen gegeben, der über allen Namen steht. Vor Jesus werden einmal alle auf die Knie fallen: alle im Himmel, auf der Erde und im Totenreich. Und jeder ohne Ausnahme soll zur Ehre Gottes, des Vaters, bekennen: Jesus Christus ist der Herr! (Philipper 2,9-11).

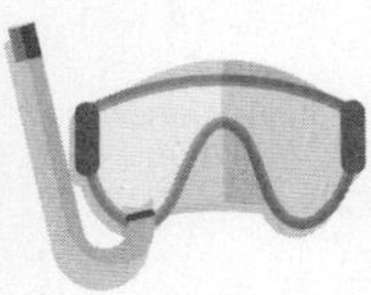

Zum Abtauchen: Philipper 2,1-11

11

Weg mit dem Schmusetuch

Kaum eine Sucht ist so stark wie die eines kleinen Kindes nach seinem Schmusetuch. Du weißt schon – so ein Stück Stoff, das das Kleinkind entweder an die Nase reibt und dabei am Daumen nuckelt oder auf dem es wie blöd herumkaut und saugt.

Wenn du nicht an die Macht der Schmusedecken-Sucht glaubst, dann mach mal Babysitting bei einem Kind, wenn das Schmusetuch unauffindbar oder in der Wäsche ist. Kein Mensch kommt da zur Ruhe!

Hast du schon mal an einem Schmusetuch geschnuppert? Sofern du keinen gesteigerten Wert auf Würgereiz legst, kann ich dir das nicht empfehlen.

Meine Tochter hat versucht, ihr erstes Kind per „kaltem Entzug" vom Schmusetuch zu entwöhnen. Es ist ein großes Glück, dass wir das alle überlebt haben. Beim nächsten Kind ging sie nach einem ausgeklügelten Plan vor. Alle drei Tage halbierte sie das Tuch. Nach ein paar Wochen hielt das Kind nur noch ein winziges, übel riechendes Stück Stoff von der Größe einer Briefmarke in den Händen. Und schließlich war es aus den Augen, aus dem Sinn.

Ich kenne Leute, die schon seit Jahren so eine Art stinkendes Schmusetuch mit sich herumschleppen: Gewohnheiten, die sie einfach nicht lassen können. Doch wir können Gott jederzeit, auch heute, um genügend Kraft bitten, so eine schlechte Angewohnheit erst mal zu halbieren. Und morgen noch einmal. So lange, bis wir ohne diese Schmusetuch-Gewohnheit auskommen.

Da wir nun so viele Zeugen des Glaubens um uns haben, lasst uns alles ablegen, was uns in dem Wettkampf behindert, den wir begonnen haben – auch die Sünde, die uns immer wieder fesseln will. Mit zäher Ausdauer wollen wir auch noch das letzte Stück bis zum Ziel durchhalten (Hebräer 12,1).

12

Ihre Bestellung, bitte!

Eine Ärztin brachte ihre Tochter zum Kindergarten. Auf der Rückbank hatte sie ihr Stethoskop liegen. Die Kleine nahm es in die Hand und spielte damit.

Ach, ist das schön, dachte die Ärztin, *meine Tochter will in meine Fußstapfen treten!*

Da sagte das Kind ins Stethoskop: „Willkommen bei McDonald's. Ihre Bestellung, bitte?"

Die Gedankenwelt von Kindern ist so erfrischend. Sie denken nicht daran, wie viel Geld sie einmal verdienen, wie angesehen ihr Job sein wird oder was die Leute denken – sondern nur daran, was am meisten Spaß macht.

In meiner Kindheit wollte ich Feuerwehrmann werden, wenn ich groß bin. Später dachte ich länger darüber nach, Arzt zu werden. Meine Eltern wollten, dass ich Prediger würde. Und tatsächlich studierte und arbeitete ich darauf hin und wurde schließlich Komiker-Evangelist-Motivationsredner. Das, wozu Gott mich berufen hat, lässt sich nicht in eine einzige Kategorie packen.

Wenn du später mal eine Tochter hast, die Ärztin werden soll, dann lass am besten ein Stethoskop auf der Rückbank liegen. Wenn dein Kind später mal Prediger werden soll, stell überall Kollekten-Teller hin.

Aber das Allerwichtigste ist, auf Gott zu hören, damit unser Leben gelingt. Es ist von größerer Bedeutung, welcher Mensch du in Christus wirst, als welchen Beruf du ausübst.

Hört, ihr Israeliten! Der Herr ist unser Gott, der Herr allein. Ihr sollt ihn von ganzem Herzen lieben, mit ganzer Hingabe, mit all eurer Kraft. Bewahrt die Worte im Herzen, die ich euch heute sage! Prägt sie euren Kindern ein! Redet immer und überall davon, ob ihr zu Hause oder unterwegs seid, ob ihr euch schlafen legt oder aufsteht. Schreibt euch diese Worte zur Erinnerung auf ein Band, und bindet es um die Hand und die Stirn! Ritzt sie ein in die Pfosten eurer Haustüren und Stadttore! (5. Mose 6,4-9)

13

Mach deinen Aufklebern alle Ehre

Eine stressgeplagte Frau fuhr dicht hinter dem Auto ihres Vordermannes her. Plötzlich sprang die Ampel auf Gelb. Der Vordermann bremste abrupt, auch wenn er es noch vor dem Rot über die Ampel geschafft hätte.

Die Dränglerin ärgerte sich tierisch, hupte wie wild und brüllte unanständige Beschimpfungen, weil sie nicht mehr über die Kreuzung gekommen war.

Da klopfte jemand an ihre Scheibe. Als sie den Kopf wandte, blickte sie in die grimmigen Augen eines Polizisten. Er forderte sie auf, mit erhobenen Händen auszusteigen. Dann nahm er sie mit zur Wache, wo man sie durchsuchte, ihre Fingerabdrücke nahm und sie in eine Zelle steckte.

Einige Stunden später öffnete ein Wachmann die Zellentür und begleitete die Frau zum Schreibtisch des Polizisten, der sie festgenommen hatte. Er gab ihr ihre persönlichen Unterlagen und den Autoschlüssel zurück und sagte: „Entschuldigen Sie das Missverständnis. Ich war zufälligerweise genau hinter Ihnen, als sie so laut hupten, obszöne Gesten machten und schlimme Sachen brüllten. Mir waren die Aufkleber auf Ihrem Auto aufgefallen: ‚Was würde Jesus tun', ‚Folge mir zum Gottesdienst' und das verchromte Fischsymbol auf dem Kofferraumdeckel. Da dachte ich natürlich, Sie hätten den Wagen gestohlen."

Autsch!

Unser Leben – nicht unsere Aufkleber – legt Zeugnis ab von dem, was wir glauben. Klar, wir werden durch den Glauben gerettet, nicht durch Werke. Aber wir sollten so handeln, dass man daran unseren Glauben erkennen kann.

Liebe Brüder und Schwestern! Welchen Wert hat es, wenn jemand behauptet, an Christus zu glauben, aber an seinen Taten ist das nicht zu erkennen! Kann ihn ein solcher Glaube vor Gottes Urteil retten? Stellt euch vor, in eurer Gemeinde sind einige in Not. Sie haben weder etwas anzuziehen noch genug zu essen. Wenn nun einer von euch zu ihnen sagt: „Ich wünsche euch alles Gute! Hoffentlich bekommt ihr warme Kleider und könnt euch satt essen!", was nützt ihnen das, wenn ihr ihnen nicht gebt, was sie zum Leben brauchen? Genauso nutzlos ist ein Glaube, der sich nicht in der Liebe zum Mitmenschen beweist: Er ist tot (Jakobus 2,14-17).

14

Wie sieht Gott aus?

Die kleine Charlotte war ganz ins Malen vertieft, da fragte ihre Lehrerin: „Was malst du denn da?"

„Ein Bild von Gott", antwortete Charlotte.

„Aber es weiß doch niemand, wie Gott aussieht", erwiderte die Lehrerin.

Das Mädchen schaute auf und sagte: „Wenn ich fertig bin, wissen es alle."

Ich bin fasziniert, wie genau Charlotte wusste, wie Gott aussieht. Die Bibel zeigt uns ziemlich genau, wie Jesus war. Und sie fordert uns auf, so zu leben wie er. Seine Einstellung, sein Mitgefühl, seine Liebe zu haben.

Ich weiß noch, wie mir ein Betreuer im Ferienlager mal sagte, dass ich womöglich der einzige Blick auf Gott bin, den manche Menschen bekommen. Daran musste ich durch diese kleine Geschichte wieder denken – aber aus einem anderen Blickwinkel.

Ken Davis lebte eifrig sein Leben, als jemand auf ihn zukam und fragte: „Was machst du denn da?" Worauf Ken antwortete: „Ich lebe mein Leben so, dass ich Jesus ähnlich bin." Der andere erwiderte: „Aber es weiß doch niemand, wie Jesus war."

Merkst du, worauf ich hinauswill?

Ich bete dafür, so zu leben, dass ich antworten könnte: „Wenn ich fertig bin, wissen sie, wie er ist."

Paulus drückt es so aus:

Früher habt auch ihr in Dunkelheit gelebt; aber heute ist das anders: Durch den Herrn seid ihr im Licht. Darum lebt nun auch wie Kinder des Lichts! (Epheser 5,8).

Können andere Menschen erahnen, wie Gott ist, wenn sie uns sehen?

15

Augen auf!

„Wo ich auch hinschaue, nichts als Probleme."

Dieser Satz zog sich durch eine E-Mail, die ich kürzlich erhielt. Die Umstände, über die mein Freund klagte, machten mich wirklich traurig. Doch mir fiel auch wieder ein, was meine Mutter immer gesagt hatte: „Such doch keine Probleme, wo keine sind!" Das ist ein kluger Rat, denn normalerweise finden wir ja genau das, was wir suchen.

Wenn wir morgens aufwachen und bloß darauf lauern, dass etwas Schlechtes passiert, brauchen wir nicht lange darauf zu warten. Das Traurige daran: Wir verpassen dann all das Gute, das Gott uns über den Weg schickt.

Das nennt man selektive Wahrnehmung. Wenn man sowieso schon spät dran ist, sieht man unterwegs an jeder Ecke eine Uhr. Hat man Hunger, fällt einem jedes Plakat mit etwas zu essen auf. Wenn wir in einer schwierigen Phase sind, können wir „nach innen gerichtete Augäpfel" bekommen.

Leute mit „nach innen gerichteten Augäpfeln" sehen

nur ihre eigenen Probleme. Sie sind blind für das Gute, das ihnen tagtäglich begegnet, und bekommen nicht mit, was ihren Mitmenschen fehlt.

Bei der Beisetzung des Lazarus waren Marthas Augäpfel nach innen gewandt.

Als Petrus übers Wasser ging, wandte er seinen Blick von Jesus ab und richtete ihn nach innen. Aus die Maus!

Schließlich, meine lieben Brüder und Schwestern, orientiert euch an dem, was wahrhaftig, gut und gerecht, was redlich und liebenswert ist und einen guten Ruf hat, an dem, was auch bei euren Mitmenschen als Tugend gilt und Lob verdient (Philipper 4,8).

Mach heute die Augen auf und finde etwas Gutes für dich. Und für andere. Denk dran: Du findest das, wonach du Ausschau hältst!

16

Heute ein Held

Ein Polizist wurde wegen eines Diebstahls in eine Grundschule gerufen. Da kam ein Mädchen auf ihn zu, starrte seine Uniform an und fragte schließlich: „Bist du ein Polizist?"

Er nickte, ohne von seinen Notizen aufzuschauen.

„Meine Mutter sagt", fuhr das Mädchen fort, „wenn ich Hilfe brauche, kann ich immer die Polizei fragen. Stimmt das?"

Endlich sah der Polizist das Mädchen an, dessen Augen strahlten. „Ja, das stimmt", erwiderte er.

Die Kleine streckte ihr Bein vor. „Könntest du mir dann bitte mal meinen Schuh binden?"

Was war in diesem Augenblick das Tollste und Heldenhafteste, was der Mann mit Uniform und Waffe tun konnte? Sich hinknien und dem Mädchen den Schuh binden!

Wahre Helden warten nicht auf *den* imposanten, historischen Augenblick. Sie setzen ihr heldenhaftes Wesen in kleinen alltäglichen Situationen um. Sie bleiben stehen und plaudern mit einem älteren Mann, der allein auf der Parkbank sitzt; sie feuern den Läufer an, der als Letzter über die Ziellinie taumelt; sie geben der tüchtigen Bedienung ein großzügiges Trinkgeld.

Achte heute auf den Augenblick, in dem *du* ein Held sein kannst!

Der König wird ihnen dann antworten: „Das will ich euch sagen. Was ihr für einen meiner geringsten Brüder getan habt, das habt ihr für mich getan!" (Matthäus 25,40).

17

Voreilige Schlüsse

Ein Unternehmer besuchte unangekündigt seine große Fabrik, um seine Arbeiter zu kontrollieren. Bei seinem Rundgang fiel ihm ein junger Mann auf, der faul an einem Pfosten lehnte.

Wütend ging der Unternehmer auf den jungen Mann zu und fragte ihn: „Wie viel verdienen Sie pro Woche?"

Etwas verblüfft antwortete der junge Mann: „Dreihundert Dollar."

Da zog der Unternehmer seine Brieftasche hervor und zählte dreihundert Dollar ab. Die klatschte er dem jungen Mann auf die Hand. „Hier", sagte er, „das ist für eine Woche. Und jetzt raus hier, und lassen Sie sich nie wieder blicken!"

Daraufhin wandte sich der Unternehmer an einen Vorarbeiter und fragte ihn: „Seit wann arbeitet dieser faule Kerl schon hier?", worauf der Vorarbeiter entgegnete: „Er ist überhaupt nicht bei uns angestellt, Chef. Das war der Pizzabote."

Ziehst du auch schon mal voreilige Schlüsse und wirst dann ganz sauer? Ich neige, ehrlich gesagt, dauernd dazu. Doch es ist wichtig, erst zuzuhören und die ganze Geschichte mitzubekommen, bevor man den Mund aufmacht.

Welche Schlüsse ziehst du, wenn jemand auf der Straße sitzt und dich um Geld bittet? Und welche, wenn ein Mann im feinen Zwirn aus einer Limousine steigt?

In Jakobus heißt es:

Denkt daran, liebe Brüder und Schwestern: Seid immer sofort bereit, jemandem zuzuhören; aber überlegt genau, bevor ihr selbst redet. Und hütet euch vor unbeherrschtem Zorn! Denn im Zorn tun wir niemals, was Gott gefällt (Jakobus 1,19-20).

Zieh keine voreiligen Schlüsse! Hör offen zu! Dadurch lassen sich auch schon mal dreihundert Dollar einsparen. Und womöglich steckt hinter einer abweisenden Fassade ein Herz, das unbedingt die Liebe Gottes kennenlernen sollte.

18

Raus damit!

Männer sind nicht dafür bekannt, ihre Gefühle großartig ausdrücken zu können. Ein Mann würde nie nach Hause kommen und schluchzen: „Schatz, heute hatte ich Schmerzen tief in der Magengrube. Im Laufe des Tages wanderten sie hinauf zu meinem Herzen. Dann fingen plötzlich die Tränen an zu fließen … und dann … dann … dann habe ich eine ganze Tafel Schokolade gegessen."

Männer drücken ihre Gefühle nicht so aus. Sie ziehen sich eher zurück, bekommen schlechte Laune oder treten nach der Katze. (Katzen wissen deshalb immer, wann ein Mann „Gefühle" hat.)

Vielleicht können Männer also noch etwas von Frauen lernen.

Und ganz gewiss können wir alle etwas von Gott lernen.

König David hatte kein Problem damit, Gott seine Angst unter Tränen zu gestehen. Und Gott nannte David einen Mann, der ihm Freude machte. Auch Jeremia war als weinender Prophet bekannt.

Vielleicht sind wir starken, schweigenden männlichen Wesen gar nicht so stark, wie wir meinen. Kann es sein, dass wir so, wie wir unsere Gefühle verbergen, auch nicht offen sind gegenüber Gott?

Wenn aber aufrichtige Menschen zu ihm rufen, hört er sie und rettet sie aus jeder Not. Der Herr ist denen nahe, die verzweifelt sind, und rettet jeden, der alle Hoffnung verloren hat (Psalm 34,18-19).

Damit meine ich nicht, dass wir in aller Öffentlichkeit jammern und unkontrolliert weinen sollten. Aber manchen von uns täte es gut, unsere aufgestauten Gefühle zu befreien und Gott ein Wunder tun zu lassen. Zumindest die Katze wäre froh darüber!

Herr, du weißt alles über mich, und dennoch liebst du mich. Gib mir das Vertrauen und den Mut, meine Gefühle rauszulassen und deine Befreiung zu erfahren.

19

Mini-Monster

Meine Frau war schon jahrelang in unserem kleinen Privatflugzeug mitgeflogen, als sie auf einmal verkündete: „So allmählich macht mir das Fliegen Angst."

„Warum das denn?", hakte ich nach. „Ich bin doch der Pilot!"

Sie schwieg. So viel zu ihrem Vertrauen in meine Flugkünste ...

Doch dann platzte sie heraus: „*Kleine* Flugzeuge machen mir Angst!"

Diese Begründung machte mich total fertig. Niemand hat doch Angst vor kleinen Dingen! Kein Kind kommt aus seinem Zimmer und sagt: „Ich glaube, unter meinem Bett ist ein ganz winziges Wesen" oder „Papi, im Schrank ist ein Mini-Monster". Das *große,* riesige, haarige Zeug erschreckt uns doch! Frauen würden nie in ein Schuhgeschäft gehen und sagen: „Ich hätte gerne ein Paar riesengroße Schuhe. Vor kleinen Schuhen habe ich Angst!"

Immerhin gibt es eine Bezeichnung für die Angst vor kleinen Dingen: die Mikrophobie. Auch für andere Ängste gibt es Fachbegriffe. Die Anthophobie ist dir Furcht vor Blumen. Die Autodysomophobie ist die Angst vor dem eigenen Körpergeruch. Hast du Angst vor langen Wörtern, leidest du an einer Sesquipedalophobie. Ironie des Schicksals – das ist womöglich das längste Wort, das mir je untergekommen ist!

In Hebräer 13,6 steht: „Der Herr hilft mir, und ich brauche mich vor nichts und niemandem zu fürchten."

Angst jeglicher Art ist lähmend. Therapie oder Seelsorge sind hilfreich, aber eigentlich treibt die Liebe Gottes jede Furcht aus.

Ja, wenn die Liebe uns ganz erfüllt, vertreibt sie sogar die Angst. Wer sich also fürchtet und vor der Strafe zittert, der kennt wirkliche Liebe noch nicht (1. Johannes 4,18).

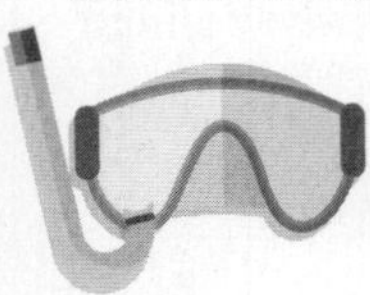

Zum Abtauchen: Psalm 91

20

Der Kuh-Spuk

Vor ein paar Jahren fuhr ich mit gut 110 km/h eine Kuh an, die mehr als 900 Kilo Lebendgewicht hatte. Ich versuchte, über meine Versicherung ein neues Auto zu bekommen.

„Nein", hieß es dort, „wir werden Ihren Wagen reparieren."

„Entschuldigen Sie", erwiderte ich, „aber der Motor liegt jetzt auf dem Vordersitz und der Kofferraum ist voll mit Kuhfell. Das Auto hat einen Totalschaden!"

„Nein, wir werden es reparieren."

Autos sind heute nur noch Computer im Metallmantel. Meiner bescheidenen Meinung nach schadet einem Computer nichts mehr als ein Zusammenprall mit einer 900-Kilo-Kuh bei 110 km/h. Nix mit wieder zusammenflicken!

Als wir das reparierte Auto zurückbekamen, sah es von außen ganz toll aus. Doch der Bordcomputer litt an einer PTKZS (Post-Traumatischen Kuh-Zusammenprall-Störung). Bei 37 °C im Schatten zeigte das Thermometer

-52 °C an. Zum Ausgleich drehte der verwirrte Bordcomputer die Heizung auf, sodass wir aus dem Auto fliehen mussten.

Ich glaube, im Wagen spukte noch die Kuh. Manchmal, wenn alles ganz ruhig war, konnte ich noch ein ganz leises, klagendes „Muh“ aus dem Kofferraum hören.

Computer sind wunderbare, komplizierte Geräte. Wenn sie den Geist aufgeben, muss ein Experte sie reparieren. Du bist tausendmal wunderbarer als jeder Computer. Wenn es sich für dich so anfühlt, als hättest du einen Zusammenstoß mit einer 900-Kilo-Kuh gehabt, versuch nicht, dein Leben allein wieder hinzubekommen. Erkläre es zum Totalschaden! Und übergib es ganz und gar dem Experten. Lass dich von ihm neu machen.

Gehört jemand zu Christus, dann ist er ein neuer Mensch. Was vorher war, ist vergangen, etwas Neues hat begonnen. All dies verdanken wir Gott, der durch Christus mit uns Frieden geschlossen hat. Er hat uns beauftragt, diese Botschaft überall zu verkünden (2. Korinther 5,17-18).

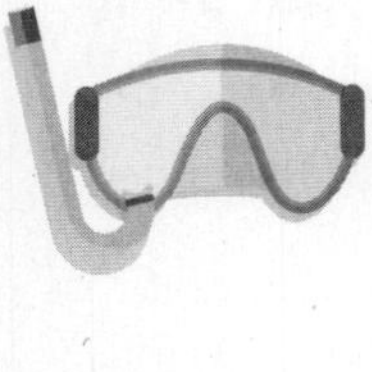

Zum Abtauchen: 2. Korinther 5

21

Unbequeme Määhnschen

Als mir das erste Mal so richtig bewusst wurde, dass uns die Bibel mit Schafen vergleicht, habe ich mich total darüber aufgeregt. Wir haben zwar manchmal ähnliche Probleme wie Schafe, aber Schafe sind doch dumme Gänse – sie haben sogar Angst vor ihrem eigenen Schatten!

Wir hatten mal ein Pferd namens Lightning (Blitz), das Schafe tötete. Das nahm es sich nicht vor. Es stand nicht im Stall und dachte sich einen wolligen Mord aus: *Nachher mache ich wieder ein Schaf kalt.* Vielmehr sah es die Schafe über die Weide rennen und dachte: *Boa ey! Das ist ja ein toller Spielball!* Und damit war die Jagd eröffnet.

Lightning rannte erst hinter der gesamten Herde her. Dann schubste er ein Schaf mit einer einzigen Kopfbewegung um! Dabei kam so manches Tier ums Leben, und zwar nicht, weil das Pferd es verletzt hätte, sondern weil ihm der Schrecken bis unter die Wolle fuhr. Ich konnte die Angst regelrecht auf dem Gesicht des Schafes sehen: *Oh nein! Ich wurde umgeschubst* – und schon war es tot. Schafe sind einfach dumme Gänse.

Und warum werden Gottes Kinder in der Bibel dann durchgehend mit Schafen verglichen? Auf alle Fälle weil auch wir erschaffen wurden, um unserem Hirten zu folgen und auf seine Stimme zu hören. Doch zu unserem eigenen Schaden rennen wir kopflos umher und folgen einer dem anderen.

Wir sind zwar wie Schafe, aber Gott hatte mit uns nicht im Sinn, dass wir wie zarte, scheue Wesen leben, die umkippen und beim geringsten Anlass vor Angst sterben! Gott sagte zu Josua:

„Sei mutig und entschlossen! Lass dich nicht einschüchtern, und hab keine Angst! Denn ich, der Herr, dein Gott, bin bei dir, wohin du auch gehst" (Josua 1,9).

Ich habe noch nie einen Vers gelesen, der erklärt, was wir tun sollen, wenn ein Pferd uns umschubst. Aber wenn die Stürme des Lebens uns durchschütteln, gibt Gott uns Schafen die Kraft und den Mut, uns zu erheben und unbequeme Määhnschen zu sein.

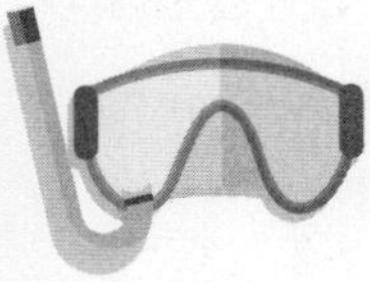

Zum Abtauchen: Epheser 6,10-17

22

Bonuspunkte fürs Warten

Eines Morgens wachte ich mit einer fiesen Nebenhöhlenentzündung auf. Über meinem rechten Auge war eine Schwellung so groß wie ein Golfball. Die Schmerzen waren so stark, dass ich das Auge nicht öffnen konnte. Aus meinem anderen Auge strömten die Tränen. Auf der rechten Seite blind, auf der linken sehbehindert, fuhr ich etwa fünfundzwanzig Kilometer in die Klinik.

Als ich ankam, war das Wartezimmer gerammelt voll mit schniefenden und hustenden Menschen. Also nahm ich über eine Stunde lang die Krankheitskeime fremder Leute auf. In einer Ecke hing ein dekoratives Skelett. Ich fragte mich, wie lang *dieser* Patient gewartet hatte.

In unserer ungeduldigen Zeit ist Warten unerträglich.

Allerdings wird auch die Geduld als Frucht des Geistes aufgezählt (siehe Galater 5,22-23). Im Wartezimmer eines Arztes könnten wir uns zwar eine ansteckende Krankheit einfangen. Aber wer bereit ist, auf den *Herrn* zu warten, den erwarten fette Bonuspunkte:

Aber alle, die ihre Hoffnung auf den Herrn setzen, bekommen neue Kraft. Sie sind wie Adler, denen mächtige Schwingen wachsen. Sie gehen und werden nicht müde, sie laufen und sind nicht erschöpft (Jesaja 40,31).

Darauf kann man doch ruhig warten, oder?

Herr, allzu oft mühe ich mich ab und will ohne dich losstürmen. Hilf mir, auf dein Wort, dein Timing und deine Kraft zu warten. Sei du der Wind unter meinen Flügeln. Hilf mir, mich dann in die Lüfte zu schwingen!

23

Sonst noch jemand

Auf einer Wanderung stolperte ein Mann und rutschte über den Rand eines Abgrunds. Gerade noch konnte er sich an einem Ast festklammern, der aus dem Abhang hervorragte. Hinaufzuklettern schaffte er nicht; unter ihm lauerte der sichere Tod, und so allmählich ging ihm die Kraft aus. Verzweifelt schrie der Mann: „Hilfe! Ist da oben jemand?“

Zu seinem Erstaunen antwortete eine dröhnende Stimme: „Ich bin da. Ich bin Gott, und ich werde dir helfen.“

„Dann wirf ein Seil herunter“, kreischte der Mann.

„Ich habe kein Seil“, entgegnete Gott, „aber ich kann dir helfen, wenn du mir vertraust.“

Mittlerweile konnte sich der Mann kaum noch halten. „Ich vertraue dir“, brüllte er.

„Dann lass den Ast los“, erklang Gottes Stimme.

Einen Augenblick herrschte Schweigen. Dann brüllte der Mann: „Ist sonst noch jemand da oben?“

Die Antwort auf diese Frage lautet: Nein! Gott ist unsere einzige Hoffnung. So oft sind wir nicht bereit, ihm zu vertrauen. Stattdessen klammern wir uns an etwas, das uns nicht retten kann. Wir haben unseren eigenen Rettungsplan. Wir können uns kaum noch halten und der Ast ist schwach, aber wir klammern uns verzweifelt daran fest.

Wenn du nicht am Leben verzweifeln möchtest, befolge diesen Rat:

Verlass dich nicht auf deine eigene Urteilskraft, sondern vertraue voll und ganz dem Herrn! Denke bei jedem Schritt an ihn; er zeigt dir den richtigen Weg und krönt dein Handeln mit Erfolg (Sprüche 3,5-6).

Herr, hilf mir loszulassen, und zeige mir deine rettende Kraft.

24

Was für ein Quak

Im 2. Buch Mose steht eine faszinierende Geschichte. Wegen der Sturheit des Pharao schickt Gott eine Frosch-Plage über Ägypten. Das Land hat bereits eine Plage überstanden: Jeder Wassertropfen des Nil war zu Blut geworden. Doch der Pharao verhärtet sein Herz gegenüber Gott und weigert sich, die Kinder Israels freizulassen. Daher streckt Mose die Hand aus und lässt die Frösche über das Land herfallen. Frösche überall. Sie sind bei den Leuten im Bett, im Essen und auch in der Einfahrt. Hunderte werden jedes Mal getötet, wenn der Pharao mit seinem Streitwagen aus der Garage fährt.

Als Mose anbietet, Ägypten von den Fröschen zu befreien, gibt der Pharao eine äußerst merkwürdige Antwort. „Morgen", sagt er. Er verbringt also lieber noch eine Nacht mit den Fröschen, als Gott zu gehorchen. Ich bin mir ziemlich sicher, dass er seine Frau da nicht um Rat gefragt hat.

Es ist leicht, dem Pharao hier seine Dummheit vorzuhalten. Doch wie oft ignorieren wir Gott genauso? Er zeigt uns, mit welchen Schritten wir uns von einer schlechten Angewohnheit lösen können, die uns kaputt macht. Und was antworten wir? *Morgen vielleicht. Lass mir noch ein paar Tage Zeit. Ich schaffe das schon auf meine Art.*

Vor einer solchen Reaktion warnt uns die Heilige Schrift inständig:

Heute, wenn ihr meine Stimme hört, dann verschließt eure Herzen nicht (Hebräer 4,7).

Verbring nicht noch eine Nacht mit den Fröschen. Lass dich *heute* von Gott befreien!

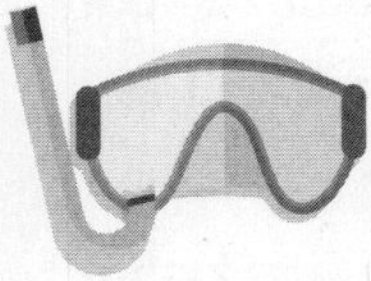

Zum Abtauchen: 2. Mose 8

25

Kein totes Kaninchen

Eine Frau schaute aus dem Fenster und sah voller Entsetzen, wie ihr Schäferhund das Kaninchen der Nachbarn zu Tode schüttelte. Sie wusste, das würde Ärger mit der Nachbarin geben. Also schnappte sie sich einen Besen, rannte raus und puffte den Hund so lange in die Seite, bis der das Kaninchen losließ, das jetzt voller Hundespeichel und mausetot war.

Die Frau sah sich um, ob sie auch niemand beobachtete, und beförderte das Kaninchen mit dem Besenstil behutsam ins Haus. Sie kippte das Tier in die Badewanne, drehte die Dusche auf und richtete den Wasserstrahl auf das leblose Kaninchen, bis es sauber war. Dann nahm sie ihren Föhn und trocknete das Häschen. Es sah schon ziemlich gut aus. Fast lebendig. Als die Nachbarin nicht hinschaute, kletterte die Frau über den Zaun und setzte das Kaninchen aufrecht in seinen Käfig.

Etwa eine Stunde später hörte sie die Nachbarin im Garten kreischen.

„Was ist denn?", fragte sie und stellte sich ahnungslos.

Blass und zitternd kam die Nachbarin zum Zaun gerannt. „Unser Kaninchen! Es ist vor zwei Wochen gestorben. Wir haben es begraben“, schluchzte sie, „und jetzt ist es wieder da!“

Statt unser Leben wirklich lebendig zu leben, existieren wir manchmal bloß wie tote, aufgeplusterte Kaninchen. Wir geben uns nach außen hin alle Mühe, den Schein des Lebendigseins zu bewahren, doch im Innern fühlt es sich manchmal wie Dahinsterben an.

Irenäus von Lyon, ein Theologe des 2. Jahrhunderts, sagte: „Die Ehre Gottes ist der lebende Mensch.“ Jesus sagte:

„Ich aber bringe Leben – und dies im Überfluss“ (Johannes 10,10).

Gott hat uns Leben im Überfluss gegeben. Es beginnt an dem Tag, ab dem wir uns auf Jesus verlassen. Lass heute den Tag sein, an dem du dich nicht länger an der Käfigwand abstützen musst. Auf die Plätze, hoppel, los!

Zum Abtauchen: Epheser 5,8-20

26

Pimp your heart!

Ich habe zwei hübsche Töchter, die zu Schulzeiten gefühlt *Stunden* brauchten, um sich fertig zu machen. Ihre äußere Erscheinung war ihnen unglaublich wichtig. Nicht ein Härchen durfte verkehrt liegen, nicht eine Augenbraue vernachlässigt werden. Der Boden im Badezimmer war vom Haarspray so verklebt, dass kleine Tierchen dort hängen blieben und verendeten.

Wenn es aber um ihre Zimmer ging, war meinen Töchtern die äußere Erscheinung plötzlich gar nicht mehr so wichtig. Dort sah es eher aus wie in einem Schweinestall. (Sorry, Mädels!) Ich glaube, einmal habe ich sogar Mäuse und Kakerlaken mit gepackten Köfferchen aus den Mädchenzimmern huschen sehen. Herzzerreißend quiekten sie: „Wir können so nicht weiterleben!"

Unser Körper ist ein wichtiger Teil unseres Lebens, und es ist wirklich gut, sich um ihn zu kümmern. Schließlich sind wir nach dem Bild eines prächtigen Gottes erschaffen, und die Bibel sagt, unser Körper ist der Tempel des Heiligen Geistes.

Meine Töchter haben stundenlang das Haus des Heiligen Geistes verschönert. Aber ich wünschte, sie hätten sich auch ein bisschen mehr Mühe gegeben, *unser* Haus aufzupolieren.

Dabei kommt mir in den Sinn:

Doch der Herr sagte zu ihm: „... ich urteile nach anderen Maßstäben als die Menschen. Für die Menschen ist wichtig, was sie mit den Augen wahrnehmen können; ich dagegen schaue jedem Menschen ins Herz" (1. Samuel 16,7).

Herr, mein Herz ist dein Haus. Hilf mir, mich so darum zu kümmern, dass ich es dir jederzeit vorzeigen kann. Du sollst dich darin ganz zu Hause fühlen.

27

Rache ist (nicht) süß

Ein Mann und seine Frau hörten den Hund der Nachbarn stundenlang bellen.

Schließlich sprang der Mann auf. „Mir reicht's jetzt!", sagte er. Er rannte die Treppe hinunter und verschwand. Einige Zeit verstrich, bis er wieder auftauchte. Ohne ein Wort setzte er sich hin.

Schließlich fragte seine Frau: „Der Hund bellt immer noch. Was hast du denn da draußen gemacht?"

„Ich habe den Hund zu uns in den Garten geholt", erwiderte der Mann. „Mal sehen, wie *ihnen* das gefällt!"

Wusstest du, dass ein unversöhnliches, rachsüchtiges Herz zum Tode führt? Nicht zum Tode dessen, gegen den sich diese Gefühle richten. Nein, zum Tode dessen, der Rachegedanken hegt. Wie jemand einmal sagte: „Bitterkeit bedeutet, Gift zu trinken und zu erwarten, dass ein anderer daran stirbt."*

---

* Siehe Joanna Weaver, „Mit Marias Herz in Marthas Welt", Grünkraut: D&D Medien, 2002. Deutsch von Gabriele Wentzlik.

Vergeltet niemals Unrecht mit neuem Unrecht. Euer Verhalten soll bei allen Menschen als ehrbar gelten. Soweit es irgend möglich ist und von euch abhängt, lebt mit allen Menschen in Frieden. Liebe Freunde, verschafft euch nicht selbst Recht. Überlasst vielmehr Gott das Urteil, denn er hat ja in der Heiligen Schrift gesagt: „Es ist allein meine Sache, euch zu rächen. Ich, der Herr, werde ihnen alles vergelten" (Römer 12,17-19).

Lass dich nicht von Rachegedanken zerstören. Bitte Gott um die Kraft zu vergeben. So wirst du richtig loslegen können.

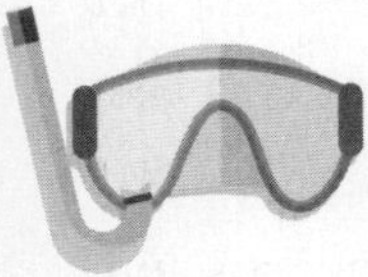

Zum Abtauchen: Römer 12,17-21

28

Keine Ausreden

Manchmal schreiben Eltern Entschuldigungen für ihre Kinder, die ungewollt komisch sind.

„Entschuldigen Sie, dass Charlotte gestern zu spät kam. Wir stiegen in den falschen Bus. Als wir dies an der Endhaltestelle merkten, nahmen wir den Bus zurück und fuhren erstmal nach Hause zum Frühstücken."

Oder auch diese:

„Entschuldigen Sie bitte Peters Fehlen. Er hat Husten, Schnupfen und Durchfall, was man auch noch an seiner Nase sehen kann."

Sehr schön ist auch diese Ausrede – pardon: Entschuldigung:

„Bitte entschuldigen Sie, dass meine Tochter Jennifer gestern nicht zur Schule kommen konnte. Wir hatten vergessen, die Sonntagszeitung reinzuholen. Als wir sie dann am Montag aus dem Briefkasten zogen, dachten wir, es sei Sonntag."

Als Gott Mose dazu berief, zum Pharao zu gehen und ihn aufzufordern, die Israeliten freizulassen, erwiderte Mose: „Wer bin ich schon, dass ich zum Pharao gehe und die Israeliten aus Ägypten führe?" Aber Gott antwortete: „Ich stehe dir bei."

Das reichte Mose nicht. Er brachte jede Ausrede vor, die ihm einfiel, um Gottes Ruf nicht ausführen zu müssen.

„Ich habe nicht genug Einfluss."

„Ich weiß nicht, was ich sagen soll."

„Und wenn sie mir nicht glauben?"

„Ich kann nicht gut reden."

Schließlich bat Mose Gott, einen anderen zu schicken.

Doch Gott vergibt niemals eine Aufgabe, ohne vorher sicherzustellen, dass derjenige auch hundertprozentig dafür ausgerüstet ist.

Trotz all seiner Proteste wurde Mose einer der berühmtesten Propheten aller Zeiten.

Nach Mose hat es keinen Propheten mehr gegeben, dem der Herr von Angesicht zu Angesicht begegnet ist. Nie wieder sind so große Wunder durch einen Menschen geschehen; nie wieder hat der Herr so deutlich seine Macht gezeigt wie in Ägypten am Pharao, seinen Hofbeamten und seinem ganzen

Land. Niemand hat jemals so schreckliche und gewaltige Dinge vor den Augen aller Israeliten getan wie Mose (5. Mose 34,10-12).

Was will Gott von dir? Was sollst du für ihn tun? Wenn Gott ruft, gibt es keine Ausreden.

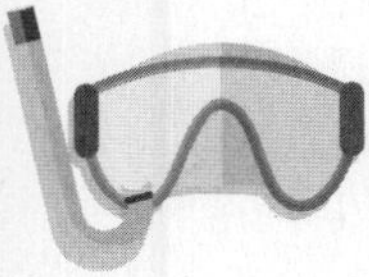

Zum Abtauchen: 2. Mose 3,7–4,17

29

Fußball im Himmel

Herbert und Georg, zwei Neunzigjährige, waren schon ihr ganzes Leben lang befreundet. Als klar war, dass Herbert sterben würde, besuchte Georg ihn jeden Tag.

Eines Tages sagte Georg: „Herbert, wir sind doch beide verrückt nach Fußball. Tu mir einen Gefallen: Wenn du in den Himmel kommst, gib mir doch bitte Bescheid, ob man dort Fußball spielen kann."

Herbert blickte Georg in die Augen. „Ja, du bist schon seit vielen Jahren mein bester Freund. Wenn das irgendwie möglich ist, tue ich dir den Gefallen."

Kurz darauf starb Herbert.

Ein paar Nächte später erwachte Georg von einem grellen Blitz und einer Stimme, die ihm zurief: „Georg!"

Der Alte schreckte hoch. „Wer ist da?"

„Ich bin's. Herbert. Ich bin im Himmel und halte mein Versprechen. Es gibt eine richtig gute Neuigkeit – und eine eher schlechte."

„Dann erzähl mir zuerst die gute", bat Georg.

„Die gute Nachricht ist", sagte Herbert, „dass es im

Himmel Fußball gibt. All unsere Kumpels sind hier. Und stell dir vor, wir sind alle wieder jung. Und noch besser ist, dass es niemals regnet oder schneit, und wir können Fußball spielen, solange wir wollen, denn wir werden niemals müde."

„Das ist ja fantastisch", erwiderte Georg. „Das übertrifft ja noch meine wildesten Träume! Und was ist jetzt die schlechte Nachricht?"

„Du bist für Dienstag als Stürmer eingeteilt."

Wenn du Christus vertraust und in den Himmel kommst, ist das eine gute Nachricht – ob du dort deinen Lieblingssport treiben kannst oder nicht.

Gott aber hat ganz eindeutig bezeugt, dass er uns das ewige Leben schenkt, und zwar nur durch seinen Sohn. Wer also dem Sohn vertraut, der hat das Leben; wer aber dem Sohn nicht vertraut, der hat auch das Leben nicht. Ich weiß, dass ihr an den Sohn Gottes glaubt. Mein Brief sollte euch noch einmal versichern, dass ihr das ewige Leben habt (1. Johannes 5,11-13).

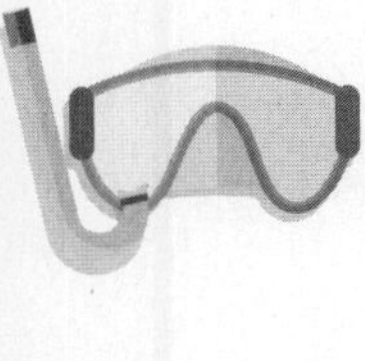

Zum Abtauchen: 1. Korinther 15,12-26

30

Starke Glaubensmuskeln

Ich habe gehört, es gibt ein neues Trainingsprogramm, von dem du Kraft und Ausdauer bekommst.

Stell dich bequem hin, sodass du zu beiden Seiten genug Platz hast. Nimm in jede Hand einen 2,5-Kilo-Kartoffelsack, strecke deine Arme zur Seite aus und halte sie so lange, wie du kannst. Versuche das eine ganze Minute durchzuhalten, dann entspanne dich.

Du wirst feststellen, dass du diese Übung jeden Tag ein bisschen länger ausführen kannst.

Nach ein paar Wochen gehe über zu 5-Kilo-Kartoffelsäcken. Dann versuche es mit 25-Kilo-Säcken. Schließlich versuche, in jeder ausgestreckten Hand länger als eine Minute einen 50-Kilo-Sack zu halten.

Wenn du das Ganze bis dahin gut aushältst, lege in jeden Sack eine Kartoffel.

Zugegeben: So ein kraftloser Trainingsplan hilft dir weder beim Aufbau körperlicher noch geistlicher Stärke. Körperliche Stärke bekommen wir, wenn wir schwere Gewichte stemmen. Geistliche Kraft bekommen wir, wenn wir Gott schwere Gewichte anvertrauen.

Epheser 6 verrät uns, wie wir geistlich in Topform geraten können:

Werdet stark, weil ihr mit dem Herrn verbunden seid, mit seiner Macht und seiner Stärke! (Epheser 6,10).

Pack noch ein paar Kartoffeln drauf, und lass heute deine Glaubensmuskeln spielen.

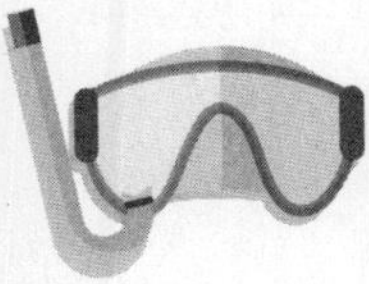

Zum Abtauchen: Epheser 6,10-18

31

Das Ziel fest im Blick

Die allererste Jagd, auf die mich mein Vater mitnahm, war ein unerwartetes Abenteuer. Wir waren kaum im Wald, da ertönte ein Schuss. Die Kugel traf einen Baum nur wenige Zentimeter von meinem Kopf entfernt.

Als ich ein paar Schritte weiter ging, hörte ich noch einen Schuss. Diesmal sauste die Kugel knapp über meinen Kopf hinweg.

Die dritte Kugel zischte so dicht an meinem Ohr vorbei, dass ich kurzzeitig taub war.

Da dämmerte mir: *Jemand schießt auf mich!* Ich warf mich zu Boden, als eine ganze Salve an mir vorübersauste.

Mein Vater brüllte zu dem Schützen hinüber, er solle aufhören zu schießen, was er glücklicherweise auch tat. Dieser Mann hatte sich kein Ziel ausgesucht. Er schoss einfach in die Richtung, aus der er Geräusche vernahm, in der Hoffnung, eine seiner Kugeln möge etwas treffen. Eine hätte beinahe mich getroffen! Ich glaube nicht, dass das seine Absicht gewesen war.

Jäger, die auf nichts zielen, sind gefährlich und erfolglos. Und genauso verpassen diejenigen, deren Leben keine Richtung hat, das Ziel, um das es im Leben geht. Wenn du auf ein Nichts zielst, wirst du jedes Mal treffen.

Hast du einen Sinn für dein Leben, der über das reine Überleben hinausgeht?

Paulus sagte:

Noch habe ich den Preis nicht in der Hand. Aber eins steht fest: Ich will alles vergessen, was hinter mir liegt, und schaue nur noch auf das Ziel vor mir. Mit aller Kraft laufe ich darauf zu, um den Siegespreis zu gewinnen, das Leben in Gottes Herrlichkeit. Denn dazu hat uns Gott durch Jesus Christus berufen (Philipper 3,13-14).

Das ist ein gutes Ziel.

32

Normal weiteratmen

Bevor das Flugzeug abhob, zeigte eine freundliche Flugbegleiterin den Passagieren den richtigen Umgang mit der Notsauerstoffversorgung: „Sollte der unwahrscheinliche Fall eines Druckverlustes in der Kabine auftreten", sagte sie, „fallen aus den Deckenverkleidungen über Ihnen automatisch Sauerstoffmasken herab. Bitte ziehen Sie eine dieser Masken zu sich heran, streifen Sie sie über Mund und Nase und atmen Sie normal weiter."

Normal weiteratmen? Soll das ein Scherz sein?

Wenn es im Flugzeug plötzlich einen Druckverlust gäbe, würde ich panisch nach meiner Mutter schreien, nach jeder Maske in meiner Reichweite grapschen und mir den Sauerstoffvorrat für acht Personen reinziehen.

Reagieren wir so nicht auch auf plötzliche Notfälle in unserem Leben? Gott hat uns zwar angeleitet, was wir tun sollen, und uns zugesagt, uns mit allem Notwendigen zu versorgen. Aber trotzdem schnappen wir angsterfüllt nach Luft und holen uns aus allen möglichen (verkehrten) Richtungen unsere Sicherheit. Und dabei vergessen wir seine Zusagen.

Hier ist noch einmal seine Anleitung – falls du sie heute brauchst:

Macht euch keine Sorgen! Ihr dürft Gott um alles bitten. Sagt ihm, was euch fehlt, und dankt ihm! Und Gottes Friede, der all unser Verstehen übersteigt, wird eure Herzen und Gedanken im Glauben an Jesus Christus bewahren (Philipper 4,6-7).

Herr, hilf mir heute, tief Luft zu holen und deinen Zusagen zu vertrauen.

33

Auf dem Hosenboden

Ein Tender ist ein kleines Schiff, das Passagiere von einem Kreuzfahrtschiff an Land bringt. Einmal waren wir bei ziemlich rauer See auf einem solchen Tender. Die großen Wellen hoben und senkten unser Boot mit gewaltiger Kraft.

Wie üblich alberte ich herum und verhielt mich eher wie ein Fünfjähriger statt wie ein erwachsener Mann. Ich führte einen spontanen Tanz auf und sprang gerade in die Höhe, als das Schiff den Kamm einer hohen Welle erreichte, um im nächsten Augenblick viereinhalb Meter tief herunterzukrachen.

Währenddessen war ich noch immer in der Luft, bis mich die Schwerkraft wieder einfing und ich unsanft aufs nun tiefer liegende Deck plumpste. „Wer hoch steigt, kann tief fallen“, sagt ein altes Sprichwort. Das bekam ich hart zu spüren! Wahrscheinlich sah ich aus wie ein sterbender Fisch, wie ich da so auf den Hosenboden knallte und mich schmerzverzerrt auf dem Schiffsboden wand.

Noch am selben Tag unterhielt ich mich mit einem Mann, der sich tatsächlich wie ein sterbender Fisch fühlte. In seinem Leben ging es auf und ab. Mit seinem Unternehmen hatte er Schiffbruch erlitten, er hatte Eheprobleme und war vom Leben enttäuscht.

Ich erinnerte ihn an das, was wir mit dem Boot erlebt hatten. Im Leben gibt es oft Schwankungen. Manchmal macht uns die Leichtigkeit des Seins schwindlig, ein andermal fallen wir wieder auf die Nase.

Verzweifle nicht! Die Hochs und Tiefs gehören zum Leben dazu. Unmittelbar bevor Jesus gekreuzigt wurde, sagte er zu seinen Jüngern:

„In der Welt habt ihr Angst, aber lasst euch nicht entmutigen: Ich habe die Welt besiegt“ (Johannes 16,33).

Wenn du auf den Hintern fällst, schau nach oben. Er – Jesus – ist der Einzige, der dir die Kraft gibt, weiterzugehen und zu leben.

34

Gruppendruck

Reporter fragten eine 104-Jährige: „Was ist für Sie das Beste an Ihrem Alter?"

Sie dachte einen Augenblick nach. Dann erwiderte die Frau: „Kein Gruppendruck."

Stell dir mal ein Leben ohne Gruppenzwang vor! Ich weiß noch, wie ich in der Grundschule mal Kleber essen musste. Damals haben wir Klebstoff nicht geschnüffelt, wir haben ihn gegessen – eine dicke weiße Paste, die nach gemahlenem Pferdehuf mit etwas Zucker schmeckte.

Unter Teenagern ist Gruppendruck wie eine Krankheit. Ich habe noch lebhaft in Erinnerung, dass ich von Freunden unter Druck gesetzt wurde, einen Klassenkameraden zu mobben. Der Druck, als Jugendlicher von der Moral abzuweichen, ist intensiv und ständig da.

Leider endet Gruppenzwang nicht mit dem Erwachsenwerden. Er kommt nur aus anderen Richtungen. Wir geraten unter den Druck des Haben-Müssens, vernachlässigen unsere Familie, um Erfolg zu erringen, schummeln bei der Steuererklärung oder leben als Christen teilnahmslos dahin.

Paulus fordert uns auf, dem Gruppendruck zu widerstehen, indem wir Christus alles schenken und uns nicht nach den Gewohnheiten und Maßstäben dieser Welt richten.

Passt euch nicht dieser Welt an, sondern ändert euch, indem ihr euch von Gott völlig neu ausrichten lasst. Nur dann könnt ihr beurteilen, was Gottes Wille ist, was gut und vollkommen ist und was ihm gefällt (Römer 12,2).

Du brauchst nicht zu warten, bis du 104 bist, um dich Gruppendruck entgegenzusetzen. Das ist doch eine gute Nachricht!

35

Nachhilfe in Geduld

Paulus schrieb: „Dagegen bringt der Geist Gottes in unserem Leben nur Gutes hervor: Liebe und Freude, Frieden und Geduld, Freundlichkeit, Güte und Treue, Besonnenheit und Selbstbeherrschung“ (Galater 5,22-23).

Wie war das nochmal mit der Geduld?

Ich gestehe, ich bin kein sehr geduldiger Mensch. Als es die allerersten Computer gab, tippte ich in den Browser den Namen einer Website ein und ging dann einen Kaffee trinken oder mal eben ein Waisenhaus aufbauen. Wenn ich dann wieder zurück am Schreibtisch war, war auch die Seite geladen.

Wenn heutzutage eine Website länger als drei Sekunden braucht, um sich aufzubauen, grummele ich über den unfähigen Menschen, der das Ding zusammengestellt hat. Vor nicht allzu langer Zeit konnten wir von unterwegs telefonieren, indem wir uns eine Telefonzelle suchten und Geld einwarfen. Heute tragen wir ein Smartphone mit uns herum und verlieren die Geduld, wenn die Verbindung mal schlecht ist.

Ich glaube, Gott findet Geduld so wichtig, weil sie ein Zeichen für Selbstlosigkeit ist. Wir werden ungeduldig, wenn wir meinen, die Erde müsse sich nur um uns drehen. Oder wenn wir glauben, sie drehe sich nicht schnell genug, um unsere Bedürfnisse zu erfüllen. Nicht besonders gottesfürchtig, oder?

Daher habe ich heute gebetet:

„Herr, gib mir Geduld – *und zwar sofort!*"

Klingt, als bräuchte ich noch etwas Hilfe. Und was ist mit dir?

36

Bienenmus

Als ich ein kleiner Junge war, hatten wir (lange bevor es Klimaanlagen gab) im Auto Vorrichtungen, die man „Ausstellfenster“ nannte. Kleine Fenster, die man hochkant aufklappen konnte und die frische Luft ins Auto lenkten. Die Luft traf auf die ausgestellte Scheibe und strömte ins Innere.

Die Kehrseite der Medaille war, dass durch das Fenster alles ins Auto geleitet wurde, was fliegen konnte.

Eines Sonntags auf dem Weg zum Gottesdienst prallte eine Biene gegen die Scheibe, wurde ins Auto geschleudert und verfing sich in meinem Pulli. „Eine Biene“, kreischte ich. „Igitt! Mami! Ich sterbe!“

„Jetzt beruhig dich mal!“, sagte meine einfühlsame Mutter. „Wenn du die Biene nicht ärgerst, ärgert sie dich auch nicht.“

Ich wusste nicht, worüber sich eine Biene ärgerte. Was, wenn sie nicht gern zur Kirche ging? Und auf jeden Fall hatte sie sich ja schon geärgert, nachdem sie mit fast Tempo 100 gegen eine Scheibe gedonnert war, nicht wahr?

Kennst du solche Fragen auch? „Was wäre, wenn …?“ Was wäre, wenn ich in Mathe eine Sechs bekomme? Wenn Jonas gar nicht in mich verliebt ist? Und wenn ich keinen Job bekomme? Zu solchen Sorgen sagt die Bibel:

Darum sage ich euch: Macht euch keine Sorgen um euren Lebensunterhalt, um Essen, Trinken und Kleidung. Leben bedeutet mehr als Essen und Trinken, und der Mensch ist wichtiger als seine Kleidung. Seht euch die Vögel an! Sie säen nichts, sie ernten nichts und sammeln auch keine Vorräte. Euer Vater im Himmel versorgt sie. Meint ihr nicht, dass ihr ihm viel wichtiger seid? Und wenn ihr euch noch so viel sorgt, könnt ihr doch euer Leben um keinen Augenblick verlängern (Matthäus 6,25-27).

Das beste Gegenmittel gegen Sorgen steht in Vers 33:

Sorgt euch vor allem um Gottes neue Welt, und lebt nach Gottes Willen! Dann wird er euch mit allem anderen versorgen.

Willst du wissen, was aus der Biene geworden ist? Noch bevor sie mich ärgern konnte, habe ich sie mit meiner Bibel erschlagen …

37

Besser als ein Sixpack

Nachdem ich an den Folgen meines Übergewichts sehr gelitten hatte, konnte ich irgendwann zu meinem normalen Gewicht zurückfinden. Dann schrieb ich ein Buch und ermutigte Menschen auf der ganzen Welt, gut auf ihren Körper achtzugeben und das Leben in vollen Zügen zu genießen. Ich erzählte aber auch davon, wie viel Disziplin es mich gekostet hatte, um wieder zu meiner körperlichen und geistlichen Gesundheit zurückzukehren.

Am Anfang dieses Weges war ich ziemlich down, weil ich mich mit einem Freund verglich, der Muskeln an Stellen hat, wo ich nicht einmal Stellen habe. Er hat ein Sixpack – du weißt schon, die beiden Dreierreihen von Muskeln am Bauch, die aussehen wie kleine eckige Brötchen. Während der Dreharbeiten zu meinem Film „Fully Alive" verkündete ich, dass ich gut 18 Kilo abgenommen hatte. Jemand fragte, ob ich jetzt ein Sixpack hätte.

Nein. Ich habe etwas, das vage an Lamellenrollos erinnert. Das willst du garantiert nicht sehen!

Körperlich gesund zu bleiben, hat allerdings einen viel besseren Grund als Eitelkeit. Auf einem Werbeplakat der US Army stand: „Be all that you can be." (Etwa: „Schöpfe dein ganzes Potenzial aus.")

Anders drückte sich der Apostel Paulus aus:

Um Christus allein geht es mir. Ihn will ich immer besser kennenlernen und die Kraft seiner Auferstehung erfahren (Philipper 3,10).

Paulus wusste, dass körperliche Kraft ohne geistliche Kraft nutzlos ist:

Den Körper zu trainieren bringt nur wenig Nutzen, aber sich in der Ehrfurcht vor Gott zu üben ist in jeder Hinsicht nützlich, weil dem, der Gott ehrt, wahres Leben versprochen ist – sowohl in dieser Welt als auch in der zukünftigen (1. Timotheus 4,8; NGÜ).

Emotional, körperlich und geistlich sollten wir anstreben, bereit für alles zu sein, wozu Gott uns beruft. In Christus haben wir eine tollere Kraftquelle als in jedem Fitnessstudio. Die Macht, mit der Christus aus dem Grab hinausging, steht auch uns zur Verfügung, damit wir uns allem stellen können, was uns begegnet.

Herr, hilf mir, dich besser kennenzulernen. Lass mich heute die Macht deiner Auferstehung erfahren!

38

Gucken, ohne zu sehen

Eine Erzieherin gab ihren Vorschulkindern ein Bild zum Ausmalen. Auf dem Blatt war eine Ente mit Regenschirm. Die Erzieherin bat die Kinder, die Ente gelb auszumalen und den Schirm grün. Doch der kleine Hans hatte seinen eigenen Kopf und malte die Ente in einem kräftigen Feuerwehrrot aus.

Als die Erzieherin das sah, fragte sie den Jungen: „Hans, wie oft hast du denn schon eine rote Ente gesehen?"

Ohne aufzusehen, erwiderte Hans: „Genauso oft wie eine Ente mit Regenschirm."

Ich finde, Hans hat wirklich Kreativität bewiesen. Er wird es im Leben bestimmt zu etwas bringen. Viele von uns nehmen sich nicht die Zeit oder schauen nicht gut genug hin, um das Offensichtliche wahrzunehmen.

Als Pilot bin ich verpflichtet, mein Flugzeug vor jedem Start zu inspizieren. Einmal ging ich um die Maschine herum, um mich zu vergewissern, dass alles in Ordnung war, so wie ich es Hunderte Male zuvor gemacht hatte. Dann setzte ich mich auf den Pilotensitz und ließ den Motor an.

Im selben Moment sah ich aus dem Augenwinkel einen Mann winkend auf mich zulaufen. Ich stellte den Motor wieder ab und stieg aus dem Cockpit.

„Du hast einen Plattfuß", sagte der Mann und deutete auf meinen vollkommen luftleeren Vorderreifen. Offenbar hatte ich geguckt, ohne wirklich zu sehen.

Mir gefällt es sehr, dass Gott alles sieht – selbst rote Enten und die innersten Bereiche unseres Herzens. Übrigens, Hans: Ich glaube, ich habe bisher weder eine rote noch eine gelbe Ente gesehen. Mit Ausnahme von Badeenten vielleicht.

Gottes Augen bleibt nichts verborgen; vor ihm ist alles sichtbar und offenkundig. (Hebräer 4,13).

39

Verborgenes Lächeln

Ein Polizist auf einem Motorrad winkte ein Auto an den Straßenrand, das gerade bei Gelb über eine Ampel gefahren war. Der Fahrer erklärte, er hätte es besser gefunden, schnell noch über die gelbe Ampel zu fahren, anstatt plötzlich zu bremsen und zu riskieren, dass ihm jemand hintendrauf fuhr. Er erinnerte den Polizisten daran, dass es doch nicht verboten sei, über eine gelbe Ampel zu fahren.

Das ließ der Polizist so nicht stehen. Schroff beharrte er darauf, dass es keinen guten Grund gäbe, über eine gelbe Ampel zu fahren. „Nächstes Mal, wenn die Ampel auf Gelb springt, halten Sie an!“, blaffte er.

Noch einmal versuchte der Autofahrer zu erklären, dass er Angst hatte, dass ihm jemand hinten aufs Auto fahren könnte. Doch der Polizist schnitt ihm das Wort ab und stellte ihm einen Strafzettel wegen rücksichtsloser Fahrweise aus.

Einige Straßenzüge weiter kam der Autofahrer, der sich immer noch über die harsche Gardinenpredigt ärgerte, wieder an eine Kreuzung, als die Ampel auf Gelb sprang. Er stieg auf die Bremse. Im selben Augenblick hörte er auch schon quietschende Reifen und spürte einen dumpfen Schlag von hinten.

Der Anblick, der sich ihm im Rückspiegel bot, machte den ruppigen Tagesbeginn wieder wett: Der Polizist schob sein Motorrad von der Stoßstange des Autos weg und tat, als sei gar nichts geschehen.

Manchmal zaubert Gott uns mit einzigartigen Begebenheiten ein Lächeln auf die Lippen. Halte heute Ausschau nach solchen gesegneten Augenblicken und gib acht, wenn du an eine gelbe Ampel kommst!

In dem englischen Kirchenlied „God Moves in a Mysterious Way“ von William Cowper heißt es:

Beurteile Gott nicht nach menschlichen Maßstäben, sondern vertraue seiner Gnade. Auch wenn er manchmal die Stirn runzelt, verbirgt sich dahinter sein lächelndes Gesicht.

40

Liebe in normaler Sehstärke

Kennst du den alten Spruch: „Wenn du etwas liebst, gib es frei. Kehrt es zurück, gehört es zu dir“? Ich habe eine viel bessere Version von einem unbekannten Verfasser gefunden: „Wenn du etwas liebst, gib es frei! Kehrt es zurück, gehört es für immer zu dir. Bleibt es fern, war es niemals für dich bestimmt. Aber wenn es in deinem Wohnzimmer sitzt, deine Sachen durcheinanderbringt, das Telefon benutzt, dein Geld nimmt und einfach nicht mitbekommt, dass du es freigelassen hast, dann bist du entweder damit verheiratet oder du hast es geboren.“

Wir kennen auch alle den Spruch: „Liebe macht blind.“ Das ist eine Lüge. Wahre Liebe hat die Augen ganz weit offen, in ganz normaler Sehstärke. Wahre Liebe sieht alle Unvollkommenheiten, gemopsten Plätzchen, unaufgeräumten Zimmer und schmutzige Unterwäsche. Sie sieht Warzen und Leberflecken. Wahre Liebe liebt trotz alledem.

Die Liebe mag schon mal blind sein, aber die Ehe (und die Familie) öffnet einem die Augen. Das stimmt! Nur wenn du die Augen wirklich offen lässt, bekommst du die echte Chance zu lieben.

Gott entgeht nichts. Er sieht in die dunkelsten Ecken unseres Lebens und liebt uns trotzdem. Und dann bittet er uns, einander genauso zu lieben wie er.

Gott aber hat uns seine große Liebe gerade dadurch bewiesen, dass Christus für uns starb, als wir noch Sünder waren (Römer 5,8).

Liebt einander! So wie ich euch geliebt habe, so sollt ihr euch auch untereinander lieben (Johannes 13,34).

41

Ein sensibler Mann

Der Raum war voll mit schwangeren Frauen und ihren Männern. „Meine Damen“, sagte die Kursleiterin, „denken Sie daran, dass körperliche Betätigung gut für Sie ist. Besonders förderlich ist das Gehen. Es stärkt Ihre Muskeln, und die Entbindung wird dadurch leichter. Aber teilen Sie sich das Tempo ein. Legen Sie genügend Pausen ein, und versuchen Sie, auf einem weichen Weg oder auf Gras zu laufen.“

Dann wandte sich die Kursleiterin an die Männer. „Meine Herren, denken Sie daran – Sie und Ihre Frau stehen das gemeinsam durch. Es schadet Ihnen nicht, wenn Sie mit ihr eine Runde gehen. Im Gegenteil, das gemeinsame Erleben ist gut für Sie beide.“

Stille im Saal, während die Männer diese Informationen aufnahmen. Nach einer Weile hob ein Mann in der hintersten Reihe die Hand. Als die Kursleiterin ihm das Wort erteilte, sagte er langsam und bedächtig: „Ich frage mich bloß, ob es in Ordnung ist, wenn sie eine Golftasche trägt, während wir laufen.“

Männer sind nicht unbedingt immer die allersensibelsten Menschen. Aber Gott bittet uns eindeutig, nicht unsere eigenen Wünsche, sondern die der anderen an erste Stelle zu setzen.

Weder Eigennutz noch Streben nach Ehre sollen euer Handeln bestimmen. Im Gegenteil, seid bescheiden, und achtet den anderen mehr als euch selbst. Denkt nicht an euren eigenen Vorteil, sondern habt das Wohl der anderen im Auge (Philipper 2,3-4).

Ich hoffe, der Mann hat diese Lektion in seinem Leben noch gelernt …

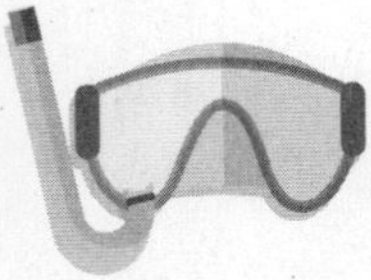

Zum Abtauchen: Philipper 2

42

Vergiss es!

Ich werde so langsam alt und merke, dass mir merkwürdige Dinge passieren. Mein Bauch wölbt sich hervor, die Knochen tun mir weh, und ich kann mir nicht mehr alles merken. Manchmal gehe ich in ein Zimmer und fange an, kleine Runden zu drehen wie ein Hund, der nicht weiß, wo er sich niederlassen soll. Und das nur, weil ich mich nicht erinnere, was ich in dem Zimmer wollte. Ist dir das auch schon mal passiert? Bist du dann aus dem Zimmer gegangen und wieder hinein, um deinem Gedächtnis auf die Sprünge zu helfen, warum du hineingegangen warst?

Früher hatte ich ein fotografisches Gedächtnis, aber offenbar ist der Speicherchip voll. Ich wollte mal gute Gedanken in meinem Handy notieren. Aber manchmal hatte ich den Gedanken schon wieder vergessen, noch bevor ich mein Handy aus der Tasche gezogen hatte.

Öfter als einmal habe ich die falsche Taste gedrückt und aus Versehen einen Freund angerufen, dem ich dann meine Gedanken diktiert habe. Wer weiß, was der Freund gedacht hat, als er ans Telefon ging und meine

Stimme hörte, die sagte: „Im Internet nachschauen, wie man Furunkel loswird."

Ich glaube, meine Vergesslichkeit hat auch ihr Gutes. Zum Beispiel in der Beziehung zu meiner Frau. Manchmal weiß ich gar nicht mehr, was sie getan hat, dass ich mich so aufregen musste.

Ein vernünftiger Mensch kann seine Gefühle beherrschen; es ehrt ihn, wenn er über Fehler hinwegsehen kann (Sprüche 19,11).

Weise Menschen vergessen mit Absicht. Älteren Menschen wie mir wird dieses Vergessen von der Natur geschenkt.

Herr, hilf mir, heute daran zu denken, dass du meine Sünden vergessen hast. Gib mir die Weisheit und die Stärke, zu vergessen und zu vergeben.

43

Reise paarweise!

Robert Fulghum hat ein Buch geschrieben mit dem Titel „Alles, was du wirklich wissen musst, hast du schon als Kind gelernt“. Da stehen so großartige Tipps drin wie „Mach jeden Tag ein Nickerchen“, „Iss keinen Kleber“ und lauter so Zeug.

Mein Freund Mikey schickte mir neulich mal einen Link zu: „Von Noah und seiner Arche lernen“. Dort wird empfohlen:

- Plane vorausschauend! Es hat nicht geregnet, als Noah die Arche baute.
- Bleibe in Form! Auch wenn du 600 Jahre alt bist, könnte dich jemand auffordern, etwas wirklich Großes zu tun.
- Hör nicht auf die Kritiker! Tu einfach die Arbeit weiter, die getan werden muss.
- Bau auf festem Grund.
- Um der Sicherheit willen reise paarweise.
- Geschwindigkeit ist nicht immer ein Vorteil. Schnecken waren ebenso an Bord wie Geparde.

- Wenn du gestresst bist, lass dich eine Weile treiben.
- Wenn du im Mist versinkst, sitz nicht da und beschwer dich – schaufel!
- Denke daran, dass die Arche von Amateuren gebaut wurde; die Titanic von Profis!
- Vergiss nicht: Wir sitzen alle im selben Boot.

Und meine Lieblingslektion von Noahs Arche?

- Egal wie dunkel die Wolken und wie stark der Sturm, gib nicht auf! Halte Ausschau nach einem Regenbogen!

Diese Zusage bleibt für alle Zeiten bestehen, der Regenbogen ist das Erinnerungszeichen. Wenn er zu sehen ist, werde ich daran denken (1. Mose 9,16).

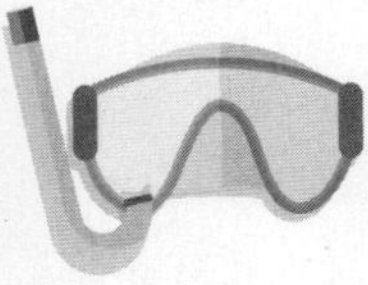

Zum Abtauchen: 1. Mose 8-9

44

Superschaf

Wie ihr wisst, habe ich mich ziemlich aufgeregt, als ich zum ersten Mal mitbekam, dass uns die Bibel mit Schafen vergleicht. Ich bin auf einem Bauernhof aufgewachsen. Ich habe schon allerhand Schafe gesehen und wollte nicht mit ihnen verglichen werden. Schafe sind die dämlichsten Viecher auf der ganzen Erde. Sie laufen ganz komisch, sie erschrecken beim kleinsten Anlass, und sie sind so empfindlich, dass sie wirklich vor Angst sterben können. (Ich sag nur: umgeschubst!)

Viel lieber wollte ich mit einem Löwen verglichen werden – aber diese Rolle war ja schon vergeben … Vielleicht ein Falke? Nix da! Nirgendwo in der Bibel werden Menschen mit Falken verglichen. Ich hätte mich ja auch mit einem Schäferhund zufriedengegeben, aber eine gründliche Suche ergab, dass Schäferhunde auch nirgends in der Bibel auftauchen.

Und irgendwann musste ich dann zugeben: Eigentlich sind wir Schafen doch ziemlich ähnlich. Wir rennen schnell mal davon, folgen der Herde, sind leicht zu erschrecken und sehr anfällig. Unser Leben ist bedroht von Krankheit, seelischen Erschütterungen, und ja, auch von Angst.

Unsere einzige Hoffnung ist der Gute Hirte.

Er ist der Einzige, der uns Schafen Sicherheit, Stärke und Rettung geben kann. Ist ja cool. Auch wenn wir umherirren „wie Schafe, die sich verlaufen haben“ und obwohl wir schwach und angreifbar sind, wird ein „dämliches Schaf“ in den Armen des Hirten zum „Superschaf“, das in der Macht der Auferstehung Jesu leben kann.

Wir alle irrten umher wie Schafe, die sich verlaufen haben; jeder ging seinen eigenen Weg. Der Herr aber lud alle unsere Schuld auf ihn (Jesaja 53,6).

Alles kann ich durch Christus, der mir Kraft und Stärke gibt (Philipper 4,13).

45

Das Personal einer Katze

Es hat schon seinen Grund, warum ein Hund der beste Freund des Menschen ist. Weil nämlich nur wenige Tiere liebevoller und nachsichtiger sind. So lieb man Katzen auch haben kann, sie wurden noch nie als der beste Freund des Menschen bezeichnet.

Auf die Einstellung kommt es an. Tätschel mal einen Hund und schau ihm in die Augen. Da strahlt dir die reine Anbetung entgegen. Du kannst beinahe den Hund flüstern hören: „Du bist Gott."

Streichle eine Katze und du hörst sie schnurren. Du magst versucht sein zu glauben, sie verehrt dich genauso wie der Hund – bis du ihr in die Katzenaugen schaust. Da hörst du sie beinahe flüstern: „Ich bin Gott." Selbst die Katzenliebhaber unter euch werden wissen, dass ich recht habe. Für einen Hund bist du ein Familienmitglied. Für eine Katze bist du Personal.

Einem Hund ist es egal, was du anhast und wie du riechst. Er liebt dich umso mehr, je stärker du müffelst. Ihm ist es egal, ob du abends spät heimkommst – er dreht schier durch vor Freude, dass du überhaupt kommst.

Der Unterschied zwischen Katze und Hund ist der Unterschied zwischen Hochmut und Demut.

In den Sprüchen heißt es:

Der Stolze wird gestürzt: Ja, Hochmut kommt vor dem Fall! (Sprüche 16,18).

Daher mussten Katzen lernen, immer auf ihren Pfoten zu landen …

Verhalte dich heute so, dass du als „bester Freund des Menschen" angesehen wirst.

46

So wie alle

Zwei kleine Jungen, die noch nicht in der Schule waren, unterhielten sich bei einem Besuch im Zoo.

„Ich heiße Jonas, und du?“, fragte der erste Junge.

„Leon“, erwiderte der zweite.

„Mein Papa ist Buchhalter. Und was arbeitet dein Papa?“, fragte Jonas.

„Mein Papa ist Anwalt“, antwortete Leon.

„Ehrlich?“, fragte Jonas zurück.

„Nee, so wie alle halt“, entgegnete Leon.

Du hast bestimmt auch schon Witze gehört, die auf Klischees anspielen: der zwielichtige Anwalt, die dumme Blondine, die unerträgliche Schwiegermutter. Ich frage mich oft, woher diese Klischees stammen. Woher bekommt eine ganze Personengruppe einen schlechten Ruf, den gewiss nicht alle in dieser Gruppe verdienen? Kann es sein, dass das Verhalten einiger weniger den Ruf der gesamten Gruppe beschädigt hat?

Als Nachfolger von Jesus bin ich erschüttert, dass

Christen oft als unversöhnliche, engstirnige, naive Menschen hingestellt werden. Woher kommt das? Haben wir mit unserem Verhalten zu diesem Ruf beigetragen?

Die Bibel fordert uns auf:

Genauso soll euer Licht vor allen Menschen leuchten. Sie werden eure guten Taten sehen und euren Vater im Himmel dafür loben (Matthäus 5,16).

Herr, ich bitte dich, dass ich nicht zu einem falschen Bild davon beitrage, was es bedeutet, Nachfolger von Jesus zu sein. Wenn die Leute mich sehen, lass sie einen Blick auf dich erhaschen.

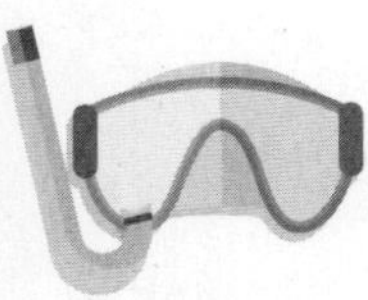

Zum Abtauchen: Epheser 5,1-20

47

Kein tragisches Ende

Eine Jugendliche, die gerade ihren Führerschein bekommen hatte, bot ihren Eltern an, sie zur Kirche zu fahren. Nach einer halsbrecherischen Fahrt gelangten sie schließlich an ihr Ziel. Als die Mutter ausstieg, sagte sie mit Nachdruck: „Vielen Dank!“

„Bitte schön – gerne wieder“, erwiderte die Tochter lächelnd.

Während sie auf die Kirchentür zugingen, sagte die Mutter zu ihrer Tochter: „Ich meinte nicht dich. Ich meinte Gott.“

Ich kann mich wirklich gut in diese Frau hineinversetzen. Meinen Töchtern habe ich auf dem leeren Parkplatz eines Einkaufszentrums das Autofahren beigebracht. Aber er war nicht groß genug. Nicht einmal die weiten Steppen der Savanne wären groß genug gewesen!

Ich hielt mich für einen guten Fahrlehrer. Immerhin habe ich mich nicht über das Schleudertrauma beklagt, das ich bekam, als sie die Kupplung kommen ließen. Auch fing ich nicht an zu kreischen, als wir über einen

Bordstein krachten und das hübsche Bäumchen umnieteten, das so ein tragisches Ende gewiss nicht verdient hatte. Aber ich habe mehrmals zu Gott geschrien. Außerdem dankte ich ihm, dass der Parkplatz leer war.

Ich frage mich, wie Gott sich fühlt, wenn er mitansehen muss, wie wir durchs Leben rasen, während wir lernen, für ihn zu leben. Ich frage mich manchmal, ob er sich an die Stirn patscht und flüstert: „Danke. Mir ... sei Dank." Und wie er dann geduldig darauf wartet, dass auch wir ihm danken.

Preist den Herrn, denn er ist gut, und seine Gnade hört niemals auf! (Psalm 107,1).

Auf uns wartet also eine neue Welt, die niemals erschüttert wird. Dafür wollen wir Gott von Herzen danken und ihm voller Ehrfurcht dienen, damit er Freude an uns hat (Hebräer 12,28).

Selbst wenn die Fahrt rasant ist, gibst du uns nicht auf, Herr. Dafür danken wir dir.

48

Bätsch!

Ein kleines Mädchen benahm sich im Flugzeug ganz ungezogen. Hemmungslos rannte sie den Gang auf und ab und störte alle Mitreisenden. Schließlich kletterte sie über einen leeren Sitz und fiel herunter. Dabei trat sie einem Mann gegen den Kopf.

Die Flugbegleiterin wies die gestresste Mutter darauf hin, dass ihr Kind still sitzen müsse. Mühsam brachte die Mutter ihre Tochter zum Sitzen und schnallte sie fest an.

„Du bleibst jetzt artig hier sitzen", sagte die Mutter, „sonst passiert was."

Das kleine Mädchen saß ruhig da, verschränkte die Arme und grinste selbstzufrieden. Die Mutter spürte, dass ihr Kind etwas im Schilde führte. „Warum schmunzelst du so?", fragte sie leise.

„Weil ich", erwiderte die Kleine, „nur nach außen hier sitze. In mir drin renne ich noch rum."

Wow. Ich frage mich, wie viele Menschen nach außen still dasitzen, aber im Innern weiterhin herumrennen.

Heute will ich beten:

Durchforsche mich, o Gott, und sieh mir ins Herz, prüfe meine Gedanken und Gefühle! Sieh, ob ich in Gefahr bin, dir untreu zu werden, dann hol mich zurück auf den Weg, der zum ewigen Leben führt! (Psalm 139,23-24).

49

Lauter als Worte

Während eines Fußballspiels fragte ein Trainer einen seiner jungen Spieler: „Weißt du schon, was Teamplay ist? Und eine Mannschaft?"

Der Junge nickte.

„Und weißt du auch, dass es darauf ankommt, als ganzes Team zu gewinnen?"

Der Junge nickte wieder.

„So", fuhr der Trainer fort, „und wenn du jemanden gefoult hast oder aus dem Spiel genommen wirst, dann streitest du nicht mit dem Schiedsrichter oder beschimpfst ihn. Verstehst du das alles?"

Erneut nickte der Junge.

„Gut", sagte der Trainer. „Dann geh jetzt rüber zu deiner Mutter und mach ihr das klar."

An der Schule habe ich mal das peinlichste Verhalten aller Zeiten mitbekommen. Bei einem Basketballspiel beschimpfte ein Spieler mit schlimmen Worten den Schiedsrichter, weil er ihn wegen eines Fouls bestraft hatte. Daraufhin stürmte der Vater des Jungen aufs Spielfeld und zettelte eine Schlägerei an – zuerst mit dem Schiedsrichter, dann mit einem Spieler der gegnerischen Mannschaft.

Ich weiß noch, dass ich schon damals verstand, dass der Charakter des Vaters wohl auf den Sohn abgefärbt hatte, der sich auch sonst nicht besonders sportlich verhielt.

Erziehe dein Kind schon in jungen Jahren – es wird die Erziehung nicht vergessen, auch wenn es älter wird (Sprüche 22,6).

Kinder lernen mehr durch Beobachten des Verhaltens der Eltern, die im Berufsverkehr mit dem Auto unterwegs sind, als von allen klugen Worten zusammen. Sie vertrauen darauf, dass Eltern ihnen vorleben, wie sie sich selbst verhalten sollen.

Herr, hilf allen Eltern, ihre Kinder mit Worten und Taten zu erziehen.

50

Zwischen den Zeilen

Als Gott meine jüngste Tochter erschuf, hat er ihr einen Teil meiner verschlungenen Gene mitgegeben. Einmal kam ich nach Hause, da hatte sie das eine Ende einer Angelschnur um ihren Zahn gebunden, das andere Ende um eine Türklinke.

Dann knallte sie die Tür zu, um ihren Zahn zu ziehen. Mit jedem Zuknallen der Tür hörte ich, wie die Schnur „boing" machte, denn sie war zum Zerreißen gespannt. Doch der Zahn blieb im Mund.

„Was machst du denn da?", wollte ich wissen.

„Ich ziehe mir meinen Zahn."

Ich versuchte an ihrem Zahn zu wackeln. „Aber der sitzt doch noch bombenfest!", rief ich.

„Nicht mehr lange", verkündete sie und knallte wieder die Tür zu. *Boing!*

„Hör auf damit!", forderte ich sie auf. „Du tust dir doch weh!"

„Lass mich einfach", fauchte sie zurück. „Ich brauche Geld!" *Boing!*

An dem Tag wurde ich nicht nur an die Geschenke der Zahnfee erinnert, sondern lernte auch etwas sehr Wertvolles. Will man ein Kind verstehen, muss man zwischen den Zeilen lesen lernen. Das gilt aber auch für Jugendliche und Erwachsene.

Wusstest du, dass Gott jedes Mal, wenn wir beten, zwischen den Zeilen liest?

Dabei hilft uns der Geist Gottes in all unseren Schwächen und Nöten. Wissen wir doch nicht einmal, wie wir beten sollen, damit es Gott gefällt! Deshalb tritt der Geist Gottes für uns ein, er bittet für uns mit einem Seufzen, wie es sich nicht in Worte fassen lässt. Und Gott, der unsere Herzen ganz genau kennt, weiß, was der Geist für uns betet. Denn der Geist vertritt uns im Gebet, so wie Gott es für alle möchte, die zu ihm gehören (Römer 8,26-27).

Danke, Jesus, dass du zwischen den Zeilen meiner Gebete liest und unserem Vater die überarbeitete Version vorlegst.

51

Beschützerinstinkt

Ich weiß es noch wie heute, als meine älteste Tochter anfing, von Jungs Besuch zu bekommen. Von da an öffnete ich die Tür gelegentlich mit einem Messer oder Vorschlaghammer in der Hand. Beiläufig fragte ich die jungen Kerle so etwas wie: „Wo in etwa liegt deine Schmerzgrenze?“ oder „Weißt du zufälligerweise, ob man den Jungen gefunden hat, der letztes Mal hier war?“

Leider vergebliche Versuche, meine Tochter zu schützen.

Besonders peinlich für meine Tochter war, dass ich nach dieser eher unüblichen Begrüßung auch noch eine Art Verhör vornahm: „Wohin geht ihr? Was habt ihr vor? Wann seid ihr wieder da?“ Wahrscheinlich hätte ich mir nicht so viele Sorgen zu machen brauchen – damals war sie erst sieben. Richtig schlimm wurde es erst, als sie ein Teenager wurde!

Eltern machen Überstunden, um ihre Kinder zu schützen. Gott, unser Vater, ist da nicht anders. Er versucht uns vor einem noch viel größeren Feind zu beschützen. Denn er kennt die zerstörerischen Absichten des Verführers und ermahnt uns, wachsam zu sein.

Bleibt besonnen und wachsam! Denn der Teufel, euer Todfeind, läuft wie ein brüllender Löwe um euch herum. Er wartet nur auf ein Opfer, das er verschlingen kann (1. Petrus 5,8).

Was der Satan zu bieten hat, wirkt so lange anziehend, bis wir uns daran erinnern, was er im Schilde führt.

Höre auf die Warnung deines himmlischen Vaters. Denke an den Preis, den er bezahlt hat, um dich freizukaufen. Nimm seinen liebevollen Schutz an und lebe!

52

Schnecke in Handschellen

Einmal verbrachte ich eine schlaflose Nacht in einem Hotelzimmer, weil die Klimaanlage so laute Geräusche machte. Sie hörte sich an wie eine Flugeidechse mit einem eitrigen Zahn. Außerdem dachte ich darüber nach, in welchem Verwandtschaftsverhältnis die Klimaanlage wohl mit dem Bügelbrett in meinem Zimmer stand. Hast du schon mal gehört, wie ein hoteleigenes Bügelbrett klingt, wenn es aufgeklappt wird? Da stellen sich dir die Nackenhaare auf! Und warum klingen selbst in den schönsten Hotels die Heizungen, wenn sie anspringen, wie ein größerer Auffahrunfall – und zwar die ganze Nacht? Geht es nur mir so?

Hast du auch schon mal nachts wach gelegen und gedacht: „Wenn ich jetzt einschlafe, kann ich immerhin noch fünf Stunden ausruhen"? Dieser Countdown geht weiter, bis du eine halbe Stunde bevor der Wecker klingelt, einschläfst.

An so einem Morgen bin ich froh, wenn ich es irgendwie zur Arbeit schaffe. Dann komme ich mir vor wie eine

Schnecke in Handschellen und vergesse so Sachen wie Duschen, Zähneputzen oder Anziehen.

Jesus sagt:

Kommt alle her zu mir, die ihr euch abmüht und unter eurer Last leidet! Ich werde euch Ruhe geben (Matthäus 11,28).

Gott sei Dank steht uns seine Ruhe zur Verfügung, auch wenn wir nicht schlafen können. Ich habe herausgefunden, dass ich nachts besser schlafe, wenn ich mich bei Gott ausruhe.

Und jetzt bete ich dafür, dass er was an der Klimaanlage macht …

53

Ein anderer Schuh

Ein Mann sagte zum Zahnarzt: „Ich habe es sehr eilig. Draußen warten zwei Kumpels, mit denen ich auf die Jagd will. Also, vergessen Sie die Betäubungsspritze. Ziehen Sie einfach den Zahn und fertig! Die Futterautomaten sind so eingestellt, dass das Wild in einer halben Stunde Futter bekommt. Ich habe keine Zeit, bis die Betäubung wirkt!"

Das ist ja ein sehr tapferer Mann, dachte der Zahnarzt, *dass er sich ohne Schmerzmittel den Zahn ziehen lassen will.*

Also fragte der Zahnarzt den Mann: „Welcher Zahn ist es denn?"

Da drehte sich der Mann zu seiner Frau um und sagte: „Mach mal den Mund auf, Schatz, und zeig ihm den Zahn."

Meine Frau fand diesen Witz gar nicht lustig. Doch er zeigt auf, dass wir die Schmerzen eines anderen Menschen oft gar nicht mitbekommen. Auf unsere eigenen Schmerzen reagieren wir allerdings sehr empfindlich.

Wie leicht fällt es uns, andere Menschen zu beobachten und ein Urteil darüber zu fällen, wie sie mit Schwierigkeiten umgehen. Aber wenn wir an ihrer Stelle wären, würden wir mit unserem Urteil wahrscheinlich sorgfältiger umgehen. Dann wird ein ganz anderer Schuh daraus. Vor allem dann, wenn unsere eigenen Füße darin stecken!

Wenn du also mitbekommst, dass jemand ein Problem hat, öffne dein Herz ganz weit und überlege, wie du dich in einer solchen Situation fühlen würdest.

Der Verfasser des Hebräerbriefes sagte den Christen, sie sollten ihre verfolgten Geschwister besonders lieben.

Kümmert euch um alle, die wegen ihres Glaubens gefangen sind. Sorgt für sie wie für euch selbst. Steht den Christen bei, die verhört und misshandelt werden. Leidet mit ihnen, als würden die Schläge euch treffen (Hebräer 13,3).

Du brauchst womöglich keine Betäubung, um diesen Rat zu befolgen, aber du brauchst vielleicht eine große Spritze Gottesgnade.

Öffne mir heute bitte die Augen, Herr. Hilf mir, den Schmerz der anderen zu sehen und entsprechend liebevoll zu reagieren.

54

In die Tonne

Eine Frau kam in eine Arztpraxis. „Herr Doktor, können Sie mir bitte sagen, was mit meinem dreizehnjährigen Sohn los ist?"

Sogleich antwortete der Arzt: „Tja, also, er leidet an einer vorübergehenden Psychose mit einer explosiven Wutstörung, unterbrochen von episodischen radikalen Stimmungsschwankungen, doch die Prognose lautet: vollständige Heilung."

„Woher wissen Sie das denn alles", fragte die verblüffte Mutter, „ohne ihn gesehen zu haben?"

Der Arzt gab zurück: „Sagten Sie nicht, er sei dreizehn?"

In den medizinischen Aufzeichnungen eines Arztes wurde kürzlich die Notiz gefunden: „Patient hat zwei pubertierende Kinder, ansonsten keine Anomalien."

Jemand hat einmal gesagt: Wenn Kinder fünf Jahre alt werden, sollte man sie in eine Tonne stecken und durch ein Loch in der Tonne füttern. Wenn sie in die Mittelstufe kommen, sollten wir die Tonne zuschweißen.

Als meine Tochter noch jünger war, habe ich sie einmal gefragt, warum sie zu Hause so schwierig sei. „Weil ich es hier sein darf", erwiderte sie. Dann führte sie aus, dass sie sich nur zu Hause traute, ihren Gefühlen freien Lauf zu lassen und dabei zu wissen, dass sie weiterhin geliebt würde. Das trieb mir die Tränen in die Augen. Also habe ich den Schweißbrenner weggelegt und sie aus der Tonne klettern lassen. Mittlerweile ist sie eine erwachsene Frau und hat selbst zwei Kinder.

Jetzt will sie sich die Tonne ausleihen.

Natürlich ist das alles stark übertrieben! Elternsein ist eine schwierige und ernste Angelegenheit. Kinder können Eltern an ihre emotionalen Grenzen führen und manchmal auch an den Rand der Geduld. Und durch Kinder verstehen Eltern den Glauben besser.

Hört, was ich euch sage: Wer sich die neue Welt Gottes nicht wie ein Kind schenken lässt, dem bleibt sie verschlossen (Lukas 18,17).

Herr, schenke mir die Weisheit eines Weisen, die Geduld eines Heiligen und den Glauben eines Kindes.

55

Vollständig bezahlt

Auf einer Party kamen ein Arzt und ein Anwalt ins Gespräch. Ständig wurden sie unterbrochen von anderen Gästen, die über ihre Wehwehchen jammerten und den Arzt um Rat fragten. Das ging eine ganze Stunde munter so weiter. Da fragte der erschöpfte Arzt den Anwalt: „Was machen Sie denn, damit Sie außerhalb Ihrer Kanzlei Leuten keinen anwaltlichen Rat zu geben brauchen?"

„Gar nichts. Den bekommen sie", erwiderte der Anwalt, „und dann schicke ich ihnen die Rechnung."

Der Arzt war schockiert, wollte es aber ausprobieren. Am nächsten Tag stellte er mit einem leichten Schuldgefühl Rechnungen an alle aus, die ihn auf der Party um Rat gefragt hatten. Er warf sie in die Briefkästen. Als er in seinen eigenen Briefkasten schaute, lag dort eine Rechnung vom Anwalt.

Wenn wir Jesus vertrauen, bekommen wir niemals eine Rechnung von Gott präsentiert. Nicht, dass es da keine Schulden zu begleichen gäbe. In der Bibel steht, Sünde bezahlt man mit dem Leben. Doch Christus hat diese Schuld bezahlt, als er ans Kreuz ging.

Du kannst ihn um Rat fragen, ihm deine Probleme bringen, ihm alles gestehen, was du getan hast. Keine Rechnung, kein Kassenzettel, kein Schuldeneintreiber; stattdessen bietet er Gnade und ewiges Leben. Na los, schau in dem Brief nach, den er uns hinterlassen hat.

Wenn wir aber unsere Sünden bekennen, dann erfüllt Gott seine Zusage treu und gerecht: Er wird unsere Sünden vergeben und uns von allem Bösen reinigen (1. Johannes 1,9).

Danke, dass du meine Rechnung am Kreuz zerrissen hast. Hilf mir, schuldenfrei zu leben.

56

Jung und alt

Im Kindergottesdienst meldete sich der kleine Benjamin und stellte eine Frage, die ihn schon eine ganze Weile umtrieb. „Herr Steinkötter“, sagte der kleine Junge, „also, etwas verstehe ich nicht. In der Bibel steht, die Kinder Israels haben das Rote Meer durchquert. Stimmt’s?“

„Stimmt.“

„Und die Kinder Israels haben die Philister geschlagen. Stimmt’s?“

„Ähm, ja, stimmt.“

„Und die Kinder Israels haben den Tempel gebaut. Stimmt das?“

„Ja, auch das stimmt.“

„Und die Kinder Israels haben gegen die Ägypter gekämpft, und die Kinder Israels haben immer wichtige Sachen für Gott gemacht, ja?“

„Das ist alles richtig“, erwiderte Herr Steinkötter. „Und welche Frage hast du jetzt, Benjamin?“

„Was haben denn die ganzen Erwachsenen gemacht?“

Ich finde es schön, dass Gott sein Volk als „Kinder Israels" bezeichnet und dass wir, wenn wir Christus vertrauen, als Gottes Söhne und Töchter gelten.

Denn durch den Glauben an Jesus Christus seid ihr nun alle zu Kindern Gottes geworden (Galater 3,26).

Wir sind Gottes Kinder! Keine Bezeichnung, kein Titel auf Erden enthält so viel Zuwendung, so viel Verantwortung und so viel Macht.

Um Benjamins Frage zu beantworten: Hoffentlich werden wir, ob jung oder alt, unserem königlichen Titel gerecht, setzen uns für das ein, was richtig ist, und helfen anderen Menschen, ebenfalls Gottes Kinder zu werden.

57

Nicht allein quälen

Heute lebt ein ganzer Industriezweig vom Thema Stressmanagement. Die Leiterin eines Seminars zu diesem Thema ging zuversichtlich durch den Raum und nahm ein Glas Wasser in die Hand. Alle wussten, dass sie jetzt die bewährte Frage stellen würde: „Ist dieses Glas halb leer oder halb voll?"

Aber sie führte alle an der Nase herum und fragte sie mit einem Lächeln: „Wie schwer ist dieses Glas?"

Die Antworten fielen sehr unterschiedlich aus: Zwischen gut 200 und weit über 500 Gramm. Da sagte die Leiterin: „Das absolute Gewicht spielt keine Rolle. Es kommt darauf an, wie lange ich es in der Hand halte. Eine Minute ist kein Problem. Halte ich es aber eine Stunde lang, tut mir der ganze Arm weh. Und wenn ich es den ganzen Tag lang festhalte, können Sie einen Krankenwagen rufen. Es ist immer dasselbe Gewicht, aber je länger ich es halte, desto schwerer wird es."

Und sie fuhr fort: „So ist es auch mit dem Stress. Wenn wir unsere Lasten die ganze Zeit tragen, werden sie immer schwerer, und früher oder später können wir sie nicht mehr tragen." Sorge und Stress lösen unsere Probleme nicht; sie rauben uns all unsere Energie.

Das erinnert mich an ein altes Kirchenlied mit einer tollen Lösung zum Thema Stressmanagement. Im Refrain heißt es:

Komm wirf dein Sorgen auf den Herrn,
denn er hat versprochen, er wird deine Last tragen.
Komm wirf dein Sorgen auf den Herrn,
du brauchst dich nicht allein zu quälen,
er wird dir zur Seite steh'n. *

Oft kommt es allerdings vor, dass wir unsere Lasten auf den Herrn werfen, sie dann jedoch wieder an uns nehmen und nach Hause schleppen.

Überlass alle deine Sorgen dem Herrn! Er wird dich wieder aufrichten; niemals lässt er den scheitern, der treu zu ihm steht (Psalm 55,23).

Bevor du in diesen Tag gehst, bring dem Herrn all deine Probleme und lass sie dort!

* Elisabeth Hammer, nachzulesen unter: http://home.arcor.de/heike.stetter/Fremdimpulse/schwere_Zeiten.html

58

Mit vollem Mund

Eine ältere kleine Dame öffnete die Haustür, an der ein gut gekleideter junger Mann mit einem Staubsauger in der Hand geklingelt hatte.

„Guten Morgen“, sagte der junge Mann. „Wenn Sie mir ein paar Minuten Ihrer kostbaren Zeit schenken, würde ich Ihnen gerne das neueste Modell eines Hochleistungsstaubsaugers vorführen.“

„Bitte gehen Sie!“, sagte die ältere Dame. „Ich bin pleite!“ Damit wollte sie die Tür schließen.

Blitzschnell schob der junge Mann seinen Fuß in die Tür und drückte sie ganz auf. „Nicht so voreilig!“, entgegnete er. „Schauen Sie sich doch erst mal meine Vorführung an.“

Und schon leerte er den Inhalt eines Katzenklos auf den Läufer in ihrem Flur.

„So“, prahlte der junge Mann, „und wenn dieser Staubsauger nicht in den nächsten fünf Minuten das ganze Katzenstreu von Ihrem Läufer entfernt, esse ich den Rest persönlich auf.“

Die alte Dame trat einen Schritt zurück. „Dann hole ich Ihnen schon mal eine Gabel", sagte sie, „denn heute Morgen wurde mir der Strom abgestellt."*

Passiert es dir auch manchmal, dass du etwas sagst, ohne vorher richtig nachzudenken? Hast du schon mal losgeplappert und dir hinterher gewünscht, du könntest es zurücknehmen? Allzu oft nehmen wir den Mund zu voll und wundern uns dann, wenn wir fast ersticken.

Überlege deine Worte, und dir bleibt viel Ärger erspart! (Sprüche 21,23).

---

* Mit freundlicher Genehmigung: Mikey's Funnies, www.MikeysFunnies.com.

59

Zustände im Hirn

Manchmal rast die Zeit nur so dahin, und wir geraten aus dem Gleichgewicht. In meinem Alter frage ich mich oft, ob meine Gehirnzellen mittlerweile in einem anderen Zustand sind: im Zustand der Verwirrung.

In so einem Zustand war ich einmal nach einer Besprechung in der Gemeinde. Auf dem Weg aus dem Gebäude führte ich so eine Art Tanz auf. (Weißt du, was ein Macarena ist? So ungefähr sah das aus.) Dabei klopfte ich nacheinander all meine Taschen ab, um mich zu vergewissern, dass ich alles dabeihatte. Doch mitten im Tanz erstarrte ich. Mein Schlüsselbund war nicht in der Tasche.

Offenbar hatte ich ihn im Auto vergessen. Als ich über den Parkplatz lief, erstarrte ich erneut. Mein Wagen war weg. Jemand hatte mir mein Auto geklaut. Ich rief sofort bei der Polizei an und erstattete Anzeige.

Dann stand mir der Anruf bevor, vor dem ich die meiste Angst hatte: Ich musste meiner Frau Diane berichten, was mir passiert war.

Als sie ans Telefon ging, gestand ich sofort: „Schatz, es tut mir leid, aber ich habe meinen Schlüsselbund im Auto liegen lassen und es ist geklaut worden."

„Aber, Ken", erwiderte sie fassungslos, „du bist doch gar nicht mit dem Auto gefahren. Ich habe dich doch hingebracht!" – Wenn sie mir jetzt noch sagen kann, wo mein Hirn geblieben ist, küre ich sie zur Ehefrau des Monats!

Zum Glück passiert so was auch jüngeren Leuten … Lasst euch ermutigen – ihr seid nicht allein. Vielleicht habt ihr auch schon mal vergessen, wer euch irgendwo abgeladen hat.

Vergesst aber nicht, dass Gott euch niemals vergisst.

Der Herr, euer Gott, geht mit euch. Er hält immer zu euch und lässt euch nicht im Stich (5. Mose 31,6).

60

Schäfchen zählen

Die dunklen Ringe und die Tränensäcke unter meinen Augen sind so groß, dass sie nicht ins Gepäckfach eines Flugzeugs passen würden. Ich schlafe nämlich wie ein Säugling: von Albträumen verfolgt, von natürlichen Bedürfnissen gestört, und ich heule die halbe Nacht.

Ich habe es mit einer thermoaktiven Matratze versucht. Da habe ich zwar kein bisschen besser geschlafen, doch am nächsten Morgen war in der Auflage ein Körperabdruck von mir gespeichert. Zumindest habe ich jetzt mein eigenes persönliches Fossil.

Dann hatte ich ein hyperintelligentes Bett, das mitzählt, wie oft man sich im Bett umdreht und wer am lautesten schnarcht. Meine „Schlafzahl" ist 90 – das ist die Anzahl der Sekunden, die ich jede Nacht tatsächlich schlafe.

Mein Fleisch ist willig, aber mein Geist ist schwach. Mein Körper bettelt: „Ach, unter der Bettdecke ist es so gemütlich; los, ab ins Bett." Doch mein Kopf hält dagegen: „Nix da, heute Nacht gehen wir all unsere Sünden durch und planen den Rest unseres Lebens."

Schließlich schaffe ich es, genau in dem Augenblick einzunicken, in dem meine Blase wach wird. Da gibt es keine Gewinner, nur Verlierer. Falls du auch manchmal nicht einschlafen kannst, hier ein paar Tipps:

Kauf dir einen Schnuller. Bei meinen Enkeln wirkt das offenbar ganz gut.

Lass dir eine Geschichte vorlesen – vorzugsweise von jemandem, der wach bleiben will.

Hör dir eine alte Aufnahme einer Predigt an. Ich habe schon mitbekommen, dass Leute dabei einschlafen.

Und wenn das alles nicht hilft, habe ich noch einen besseren Vorschlag: Bete! Wenn ich anfange zu beten, gehen bei mir im Kopf sehr rasch die Lichter aus. Zuerst wusste ich nicht: Ist das der Friede des Herrn oder ein Volltreffer des Teufels? Doch ich weiß, dass wir ganz ruhig werden, wenn wir mit Gott reden. In seiner Gegenwart fällt der Stress des Tages von uns ab. Aber: Gebet ist natürlich viel mehr als bloß eine Einschlafhilfe.

Hört niemals auf zu beten. Dankt Gott für alles. Denn das erwartet Gott von euch, weil ihr zu Jesus Christus gehört (1. Thessalonicher 5,17-18).

Probiere es aus! Wo kann man sich besser schlafen legen als in der Gegenwart Gottes?

61

Augen auf beim Radfahren!

Ich fuhr mit fast 80 Sachen Rad – bergab. Diane, meine Frau, warnte mich: „Nicht so schnell! Wenn du bei der Geschwindigkeit auf einer Eichel ausrutschst, bist du tot.“

Darüber hatte ich noch nie nachgedacht. Doch von da an entwickelte sich in mir eine akute Angst vor Eicheln. Während ich also den Hügel hinunterraste, achtete ich auf jede Eichel, die mir einen Abgang über den Lenker bescheren würde.

Darum sah ich auch nicht rechtzeitig den Hund.

Er kam knurrend aus einer Einfahrt und rannte direkt auf meine Fußknöchel zu. Hilflos verriss ich den Lenker und brachte das Vorderrad zum Schlingern. Zum Glück hörte das Schlingern auf, sobald ich die Bremsen betätigte. Nur leider holte der Hund mich dadurch ein. Als ich mich umwandte, sah ich seine gebleckten Zähne. Und dann rutschte ich auf einer Eichel aus.

Wimmernd vor Schmerzen lag ich auf der Straße und wartete darauf, dass mir der Hund an die Kehle ging.

Doch das Tier jaulte nur und rannte mit eingezogenem Schwanz nach Hause.

Ich weiß nicht, ob ihm das Geräusch von meinem Sturz solche Angst eingejagt hatte oder ob es der Anblick war, den ich ihm in meinen engen Radlerhosen bot – jedenfalls sah ich ihn nie wieder.

Gott sei Dank habe ich mich nur leicht verletzt und konnte mit dem Rad nach Hause fahren.

Am Abend fiel mir ein Bibelvers ein:

Bleibt besonnen und wachsam! Denn der Teufel, euer Todfeind, läuft wie ein brüllender Löwe um euch herum. Er wartet nur auf ein Opfer, das er verschlingen kann (1. Petrus 5,8).

Das ist ein guter Rat für den Tagesbeginn. Hütet euch vor dem Teufel und vor boshaften Hunden.

Und es schadet auch nicht, etwas langsamer zu machen und auf Eicheln zu achten.

62

Richtig gute Nachrichten

Kennst du den Spruch „Schlechte Nachrichten sind gute Nachrichten“? Das mag ja für Reporter zutreffen. Ihr Job ist die Jagd nach schlechten Nachrichten.

Jemand sagte mal, die Abendnachrichten beginnen immer mit „Guten Abend“, um dann ausführlich zu berichten, warum der Abend nicht gut ist. Nachrichten können die deprimierendsten fünfzehn Minuten des gesamten Fernsehprogrammes sein. In den vergangenen Jahren gab es immer wieder ernste Warnungen vor der Schweinegrippe, der Vogelgrippe und der Asiatischen Grippe. (Nicht zu verwechseln mit der Kinderkrippe.) Alle Welt bricht in Panik aus, obwohl die ganz normale Grippe mehr Menschen tötet als alle Panik-Grippen zusammen. Doch das ist nichts Neues und deshalb nicht annähernd so beängstigend und deprimierend wie die aktuellen Meldungen.

Es gibt Berichte über Schüsse aus fahrenden Autos, Kriege und Wirtschaftskrisen. Wenn wir die Nachrichten sehen, könnten wir glauben, es gäbe überhaupt keine guten Nachrichten.

Doch die tollste Nachricht überhaupt kommt nicht im Fernsehen: Sie steht in der Bibel.

Denn Gott hat die Menschen so sehr geliebt, dass er seinen einzigen Sohn für sie hergab. Jeder, der an ihn glaubt, wird nicht zugrunde gehen, sondern das ewige Leben haben (Johannes 3,16).

Jesus ist gekommen, um die Sünder zu retten. Seine Gnade und Liebe sorgen noch immer auf der ganzen Welt für gute Nachrichten. Da sie nicht im Rundfunk verbreitet werden, machst du das:

„Guten Abend. ‚Diesen Tag hat der Herr gemacht, lasst uns fröhlich sein und jubeln!' Und nun allen eine gesegnete Nacht."*

* Nach Psalm 118,24.

63

Lecker Mango

Im Flugzeug saß mal neben mir eine junge Frau mit ganz besonders hübschen Ohrringen, die mir sofort auffielen. „Woher haben Sie denn diese Ohrringe?“, fragte ich. „Die sind ja wunderschön. So welche würde ich meiner Frau gerne kaufen.“

Die Dame bedankte sich, schob sich die Kopfhörer in die Ohren und hörte Musik. *Boing!* War ich zu plump gewesen? War meine Frage unpassend? Wirkte ich wie ein unbeholfener alter Mann, der unbedingt ein Date will? Es war mir total peinlich. Auf keinen Fall wollte ich ein weiteres Risiko eingehen. Darum vertiefte ich mich in ein Buch.

Etwa eine Stunde später verkündete der Flugkapitän, dass wir bald landen würden. Die junge Frau nahm ihre Kopfhörer aus den Ohren, tippte mir auf die Schulter und sagte: „Mango!“ Ich wusste überhaupt nicht, wovon sie redete. Das sah sie meinem erstaunten Blick wohl an. Also sagte sie lächelnd: „Ich habe die Ohrringe bei Mango gekauft.“ Wow. Als sie mir die Frage beantwortete, hatte ich bereits vergessen, dass ich sie überhaupt gestellt hatte.

Beim Aussteigen dachte ich darüber nach, wie oft ich bete und dann fast verzweifle, weil ich nicht direkt eine Antwort bekomme. Tage, Wochen oder Jahre später beantwortet Gott das Gebet. Nicht immer so oder in dem Zeitrahmen, wie ich es erwartet hätte. Doch mein Gebet wird erhört.

In unserer Küche hängt der Spruch: „Es gibt drei Möglichkeiten, wie Gott auf unsere Gebete antwortet: Ja, Noch nicht und: Ich habe etwas Besseres vor."

Wir dürfen uns darauf verlassen, dass Gott unser Beten erhört, wenn wir ihn um etwas bitten, was seinem Willen entspricht (1. Johannes 5,14).

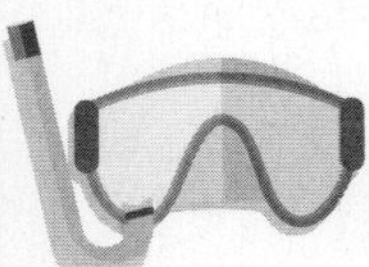

Zum Abtauchen: Lukas 11,5-10

64

Opfergabe

Ein Mädchen war mit seiner Mutter in der Kirche. Plötzlich wurde der Kleinen schlecht. „Mami", sagte sie, „können wir bitte gehen?"

„Nein", flüsterte die Mutter. „Wir müssen warten, bis der Gottesdienst vorbei ist."

Nach ein paar Minuten wimmerte das Mädchen: „Mami, ich glaube, ich muss mich übergeben!"

„Dann geh zur großen Tür hinaus, um die ganze Kirche herum, und übergib dich hinter einem Strauch", sagte die Mutter.

Keine Minute später saß das Mädchen wieder auf seinem Platz.

„Hast du dich übergeben?", fragte die Mutter leise.

Das Kind nickte.

„Wie hast du denn in der kurzen Zeit den ganzen Weg geschafft?"

„Ich musste gar nicht aus der Kirche raus, Mami", erwiderte die Kleine. „Hinten neben der Tür ist ein Kasten, und da steht drauf: ‚Für die, denen es schlecht geht'."

Manche Leute hüpfen von Gemeinde zu Gemeinde und suchen diejenige, die von Menschen besucht wird, die keine Probleme haben (oder machen). Mein Pastor hat mal gesagt, wir sollen keine Gemeinde mit perfekten Menschen suchen, denn sobald wir ihr beitreten, ist es damit vorbei.

Jesus hörte das und antwortete: „Die Gesunden brauchen keinen Arzt, sondern die Kranken. Ich bin gekommen, um Menschen in die Gemeinschaft mit Gott zu rufen, die ohne ihn leben – und nicht solche, die sich sowieso an seine Gebote halten" (Markus 2,17).

Mit dieser Gruppe der „Kranken" kann ich mich wirklich identifizieren.

Jesus ist gekommen, damit wir geheilt werden. Das kann aber noch eine Zeit lang dauern. So lange lassen wir das Schild besser noch hängen, auf dem steht: „Für die, denen es schlecht geht".

65

Ritter der Wahrheit

Wir wissen es doch: Lügen haben kurze Beine, und die Wahrheit kommt immer ans Licht. Die Wahrheit weicht nicht zurück, wo Lügen wuchern. Vielmehr wartet sie geduldig ab, bis sie den losen Saum einer Lüge aufziehen kann und zum Vorschein kommt.

Als meine Tochter noch klein war, versuchte sie mir unterzujubeln, dass unsere Katze zu ihr ins Zimmer gekommen und in ihr Bett gemacht hatte. Sie begriff noch nicht, wie unglaubwürdig ihre kleine Notlüge war. Auf meinen Einwand, die Katze sei die ganze Nacht draußen gewesen, erklärte sie mir mit ernstem Blick, die Katze habe das Fliegengitter von außen abgezogen, sei ins Zimmer geschlüpft, habe ihr Bett nass gemacht und sei dann wieder durchs Fenster nach draußen gesprungen.

Als meine Tochter merkte, dass ich das Fenster eingehend betrachtete, fügte sie schnell hinzu, dass die Katze auf dem Weg nach draußen das Fliegengitter wieder angebracht habe.

Schließlich gab sie alles zu. Überrascht stellte sie fest,

dass sie nicht dafür gescholten wurde, weil sie ins Bett gemacht hatte. Aber für ihre Lügen schon. In unserer Familie wird die Wahrheit großgeschrieben.

Einmal rief ein Vorgesetzter einen seiner Mitarbeiter zu sich ins Büro und fragte: „Glauben Sie an ein Leben nach dem Tod?“

„Oh ja“, antwortete der Angestellte.

„Das ist auch gut so“, erwiderte der Chef, „denn nachdem Sie gestern früher gegangen sind, um rechtzeitig zur Beisetzung Ihrer Großmutter zu kommen, war sie hier und hat nach Ihnen gefragt.“

Führe mich und lehre mich, nach deiner Wahrheit zu leben, denn du bist der Gott, der mich rettet. Auf dich hoffe ich zu jeder Zeit (Psalm 25,5; NLB).

Herr, hilf mir, heute die Wahrheit zu sagen, die ganze Wahrheit und nichts als die Wahrheit.

Zum Abtauchen: Epheser 4,17-32

66

Selbstvergessen

Das Flugzeug, in dem ich saß, hatte seine Flughöhe von etwa 9 000 Metern erreicht. Also holte ich meinen Laptop hervor, um mit der Arbeit zu beginnen. Plötzlich schwang der Sitz vor mir so weit in die Liegeposition zurück, dass der Kopf der jungen Passagierin jetzt nur noch wenige Zentimeter von meinem Gesicht entfernt war.

Wenn du mich fragst: Das sind keine Liegesitze – das sind tödliche Waffen! Meine Finger wurden im Laptop eingeklemmt. Doch die Frau bekam nichts und niemanden um sich herum mit. Sie hörte nicht, wie mein Laptop zuklappte und ich vor Schmerz aufschrie. Mir stand noch ein langer Flug bevor.

Konnte es noch schlimmer kommen? Ja. Jetzt fing die Frau nämlich an, mit ihren Händen durch ihr langes blondes Haar zu streichen und den ganzen Wust nach hinten in meine Richtung zu schütteln. Ich fragte mich, wann das aufhören würde. Und ob die kleinen Lebewesen, die in ihrem hellen Dickicht lebten, jetzt bei mir ein neues Zuhause finden würden.

Ich sehnte mich nach den Zeiten, als man auf einem Flug noch Scheren dabei haben durfte.

Gerade wollte ich protestieren, da fiel mir ein, wie häufig ich nicht auf die Menschen um mich herum geachtet hatte: wenn ich mich irgendwo vordrängelte oder in der Öffentlichkeit ganz laut mit meinem Handy telefonierte. Dabei wollte ich niemals respektlos sein oder anderen schaden. Ich war einfach blind für die Bedürfnisse anderer. In solchen Augenblicken war ich ganz selbstvergessen, es ging bloß um mich.

Seid in herzlicher Liebe miteinander verbunden, gegenseitige Achtung soll euer Zusammenleben bestimmen (Römer 12,10).

Das ist ein erstrebenswertes Ziel, das Paulus uns Christen hier steckt. So geht anständiges Verhalten gegenüber anderen.

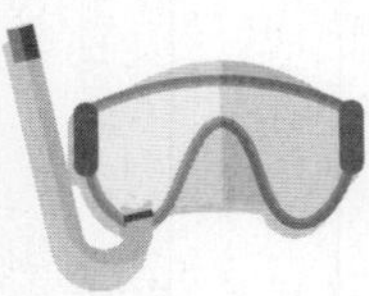

Zum Abtauchen: 1. Korinther 13,1-7

67

Schätzungsweise

„Wie oft habe ich dir schon gesagt ...?“ So etwas haben meine Eltern früher immer gesagt, wenn ich die Folgen meines nicht ganz so genialen Verhaltens erlitten hatte. Wie damals, als ich von meinem Hund gebissen wurde. „Wie oft habe ich dir schon gesagt, du sollst dem Hund nicht das Gesicht ablecken? – Es ist mir egal, ob der Hund dir zuerst das Gesicht abgeleckt hat. Ich habe es dir nicht nur einmal gesagt, ich habe dir tausendmal gesagt, du sollst dem Hund nicht das Gesicht ablecken.“

Schon in sehr jungen Jahren habe ich gelernt, die Frage „Wie oft habe ich dir schon gesagt ...?“ nicht zu beantworten. Ich hatte nicht gewusst, dass es eine rhetorische Frage ist, bis ich die Antwort gab: „Es muss eine Zahl zwischen eins und tausend sein; ich schätze mal 901.“

Ganz falsche Antwort.

Die richtige Anzahl habe ich nie erfahren. Aber an dem Tag damals habe ich mir fest vorgenommen, keine weiteren Schätzungen mehr abzugeben.

Viele Menschen wachsen mit traurigen Erinnerungen an Worte auf, die sie zu Hause gehört haben: „Geh mir aus den Augen!“ „Ich wünschte, du wärest nie geboren worden.“ Andere erinnern sich an eher humorvolle Sätze wie: „Wenn du weiter solche Grimassen ziehst, bleibt dein Gesicht für immer so.“

An welche Worte sollen sich deine Kinder später mal erinnern? „Ich liebe dich“? „Ich bin stolz auf dich“? Solche Ermutigungen geben Kindern Kraft für ein ganzes Leben.

Ihr Väter, behandelt eure Kinder nicht ungerecht! Sonst fordert ihr sie nur zum Widerspruch heraus. Eure Erziehung soll sie vielmehr in Wort und Tat zu Gott, dem Herrn, hinführen (Epheser 6,4).

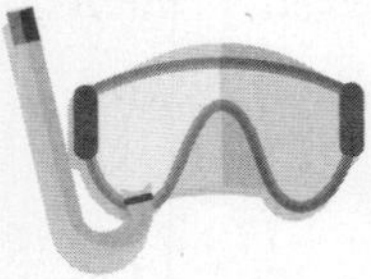

Zum Abtauchen: 5. Mose 6,4-7

68

Gedächtnisverlust

Zwei Paare mittleren Alters plauderten miteinander, als einer der Männer den anderen fragte: „Fred, wie war es denn letzte Woche in der Gedächtnisambulanz?“

Ganz begeistert erwiderte Fred: „Es war einfach toll! Sie haben uns lauter Methoden fürs Gedächtnistraining beigebracht: Visualisierungen, Assoziieren und so etwas. Richtig klasse. Seitdem habe ich keine Probleme mehr.“

„Das wäre auch mal was für mich“, meinte Freds Freund. „Wie hieß denn die Klinik?“

Angestrengt verzog Fred das Gesicht. Er dachte nach und dachte nach, aber der Name wollte ihm einfach nicht einfallen.

Dann überzog ein Lächeln sein Gesicht, und er fragte: „Wie heißt nochmal so eine Blume mit einem langen Stiel und Dornen?“

„Meinst du eine Rose?“, fragte sein Freund zurück.

„Ja, genau!“ Fred drehte sich zu seiner Frau um: „Sag mal, Rose, wie hieß nochmal die Klinik mit der Gedächtnisambulanz?“

Wusstest du schon, dass Gott ein Gedächtnisproblem hat? Er sagt:

Ich vergebe ihnen ihre Schuld und denke nicht mehr an ihre Sünden (Jeremia 31,34).

Wow! Gott vergisst freiwillig die Sünden der Menschen, die seinem Sohn vertrauen. Nimm sein Angebot an, dir zu vergeben, folge seinen Anweisungen für dein Leben, und lebe los!

69

Sandflohbisse

Ich weiß noch, wie ich einmal durch ganz hohes Gras ging, das von Sandflöhen verseucht war. Sandflöhe, das sind winzig kleine Viecher, die man nicht sieht, die aber unbedingt Probebohrungen in deinem Körper machen wollen.

Sandflohbisse jucken wie verrückt. Eine Wurzelbehandlung ist mir immer noch lieber als ein Sandflohbiss, und davon hatte ich bisher schon ungefähr fünfzig.

Freunde rieten mir, Nagellack auf die Bisse zu schmieren. Ganz ehrlich? Vergiss es! Die Nägel der Sandflöhe sahen hinterher echt toll aus, aber meine Beine juckten weiter wie blöd.

Von einem Freund bekam ich einen super Rat: Wenn du in einer Sandfloh-Gegend lebst, meide das hohe Gras.

Dieser Rat war weise und einfach und lässt sich auf viele Lebensbereiche übertragen. Gleichzeitig wird er ignoriert wie kein anderer auf der Welt.

Als ich noch jung war, haben mich weise, fürsorgliche Berater vor bestimmten Verhaltensweisen und Situationen gewarnt. In meiner Dummheit hielt ich mich für immun gegenüber jeglichen Gefahren, die dort lauerten. Ich wurde gebissen und zahlte einen hohen Preis dafür, dass ich den guten Rat ignorierte.

Vielleicht lernst du ja besser. Hier ist also mein Rat: Wenn du auf dieser Erde lebst, meide Situationen, in denen du vom Bösen verführt werden könntest. Meide das hohe Gras.

Unterstellt euch Gott, und widersetzt euch dem Teufel. Dann muss er von euch fliehen (Jakobus 4,7).

Herr, heute bin ich dein. Schenk mir die Weisheit, jede Bewegung, jeden Schachzug des Verführers zu erkennen, und die Macht, ihm in deinem Namen eine Abfuhr zu erteilen. Und mich dann zu freuen, wenn ich sehe, wie er wegrennt.

70

Trottel sucht Dorf

Manchmal komme ich mir echt blöd vor, zum Beispiel wenn ich quer durch den Raum jemandem zuwinke, weil ich meine, ihn zu kennen – er jedoch hat keine Ahnung, wer ich bin. Noch bescheuerter fühle ich mich, wenn ich weiter winke und so tue, als würde ich an dem Unbekannten vorbei jemand anderem zuwinken. Das erregt wiederum die Aufmerksamkeit eines weiteren Unbekannten, der mich für einen Stalker hält oder für eine arme Socke, die unbedingt jemanden kennenlernen will.

Vor einigen Jahren stieg ich in ein Flugzeug und stellte fest, dass jemand auf meinem Platz saß. Er zeigte mir sein Ticket. Uns war derselbe Platz zugewiesen worden. Ich empörte mich über den nachlässigen Fehler der Fluggesellschaft, marschierte zur Flugbegleiterin, wies sie auf den Fehler hin und bestand darauf, dass er korrigiert würde.

So laut, dass es auch die anderen Passagiere hören konnten, verkündete sie, dass ich im falschen Flugzeug sei.

Einmal kam ich aus einem Supermarkt und stieg zu einer Frau ins Auto, die ich überhaupt nicht kannte. Du hättest mal das Gesicht dieser Frau sehen sollen. Wie sollte ich ihr auch erklären, dass sich unsere Autos unheimlich ähnlich sahen?

Manchmal denke ich, ich müsste mit einem Schild herumlaufen, auf dem steht: „Trottel sucht Dorf“.

Meine Frau Diane sagt, auf diese Art sorgt Gott dafür, dass ich bescheiden und demütig bleibe. All das ist einfach eine Bestätigung dafür, dass wir nicht immer so cool sind, wie wir meinen. Und das hilft uns auch, das Verhalten anderer nicht so scharf zu verurteilen.

Hochmut kommt vor dem Fall, ein weiser Mensch ist bescheiden (Sprüche 11,2).

Hilf mir, Stolz zu erkennen, der das Gegenteil ist von Demut und Scham. Und schenke mir die Weisheit, dir zu danken für alles Gute in meinem Leben.

71

Echt wahr

Was kommt dabei heraus, wenn man die Wahrheit sagt? Ein kleiner Junge formulierte es einmal so:

Unsere Lehrerin wollte unser Lieblingstier wissen. „Brathähnchen", sagte ich. Das fand sie gar nicht komisch. Aber bestimmt irrte sie sich – denn alle anderen in der Klasse lachten.

Meine Eltern haben mir gesagt, ich soll immer ehrlich sein, und das bin ich auch.

Brathähnchen ist mein Lieblingstier. Das habe ich meinem Papa erzählt. Er meinte, die Lehrerin gehört vielleicht zu den Tierschützern. Er erklärte mir, dass Tierschützer Tiere sehr lieben. Ich auch – vor allem Hähnchen, Schweinefleisch und Rindfleisch.

Na ja, jedenfalls hat mich die Lehrerin zum Schulleiter geschickt. Ich habe ihm erzählt, was los war, und da hat er auch gelacht. Dann hat er mir gesagt, ich soll das nicht mehr machen.

Am nächsten Tag hat mich meine Lehrerin gefragt,

welches lebendige Tier ich am liebsten habe. Hühner, sagte ich. Sie fragte mich, warum. Weil man daraus Brathähnchen machen kann, sagte ich. Wieder schickte sie mich zum Schulleiter. Er lachte und sagte, das soll ich nicht mehr machen.

Ich verstehe das nicht. Meine Eltern haben mir beigebracht, ehrlich zu sein. Doch das gefällt meiner Lehrerin nicht. Heute hat uns die Lehrerin gefragt, wen wir am meisten verehren.

„Harland Sanders", antwortete ich. Er ist der Gründer der Hähnchenbraterei Kentucky Fried Chicken …

Paulus saß im Gefängnis, weil er die Wahrheit gesagt hatte. Die Wahrheit ist offenbar ein hohes Gut. Vielleicht wegen der Quelle, aus der sie stammt.

Jesus sagte:

„Wenn ihr an meinen Worten festhaltet und das tut, was ich euch gesagt habe, dann gehört ihr wirklich zu mir. Ihr werdet die Wahrheit erkennen, und die Wahrheit wird euch befreien!" (Johannes 8,31-32).

72

Flüsterpost

Als der proppenvolle Flieger gerade abheben wollte, wurde die friedliche Stille zerrissen von einem fünfjährigen Jungen, der einen wüsten Wutanfall bekam. Was auch immer seine frustrierte, peinlich berührte Mutter versuchte, der Junge ließ sich nicht beruhigen, kreischte zornig und trat gegen die Sitze um sich herum.

Da kam auf einmal von ganz hinten ein älterer Herr in Militäruniform ganz bedächtig den Gang entlang. Mit seiner tiefen Stimme beruhigte er die aufgeregte Mutter. Dann beugte sich der weißhaarige Mann zu dem kleinen Jungen, deutete auf die Orden an seiner Uniform und flüsterte dem Jungen etwas ins Ohr.

Augenblicklich war der Junge still, nahm artig die Hand seiner Mutter und setzte sich auf seinen Platz. Es brach spontaner Beifall bei den anderen Passagieren aus.

Als der alte Mann langsam wieder zu seinem Sitz ging, fragte ihn eine Flugbegleiterin: „Entschuldigen Sie bitte, aber welches Zauberwort haben Sie dem Jungen ins Ohr geflüstert?“

Der Alte grinste belustigt und gab mit sanfter Stimme zu: „Ich habe ihm meine Pilotenschwingen, Dienststerne und Verdienstbänder gezeigt und behauptet, ich darf jeden beliebigen Fluggast zur Kabinentür hinauswerfen, wenn ich will."

Die Erde ist voll von rebellischen, ungebärdigen Menschen, und Gott ist befugt, die ganze Meute rauszuschmeißen. Doch, Gott sei Dank, hat er eine andere Botschaft an uns als der alte Mann in Uniform.

Um unsere Schuld zu sühnen, hat Gott seinen Sohn am Kreuz für uns verbluten lassen. Das erkennen wir im Glauben (Römer 3,25).

Schnall dich an und genieß die Reise.

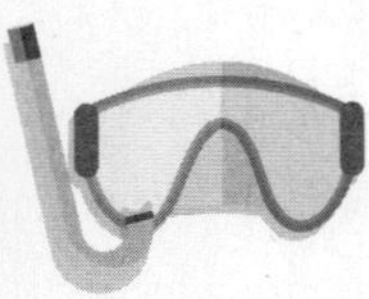

Zum Abtauchen: Römer 3,9-26

73

Ganz Ohr

Harry merkte, dass er ein Hörgerät brauchte. Aber er war nicht bereit, viel Geld dafür auszugeben. „Wie viel kostet das?“, fragte er den Verkäufer.

„Kommt darauf an“, erwiderte der. „Zwischen 2 und 2 000 Dollar.“

Harry war sehr knapp bei Kasse. „Dann zeigen Sie mir mal das 2-Dollar-Modell“, sagte er deshalb.

Der Verkäufer legte ihm die Vorrichtung um den Hals. „Sie stecken sich einfach diesen großen roten Knopf ins Ohr und führen das Kabel in Ihre Tasche“, erklärte er ihm.

„Und wie funktioniert es?“, wollte Harry wissen.

„Es funktioniert überhaupt nicht“, entgegnete der Verkäufer. „Aber wenn die Leute sehen, dass Sie es tragen, reden sie automatisch lauter.“

Ja, ich weiß, das ist etwas weit hergeholt. Aber als ich den Witz zum ersten Mal hörte, fiel mir ein, dass wir mit derselben Sparsamkeit an unser Zeugnis herangehen.

Wir können Tausende Dollar ausgeben und Hunderte Stunden im Seminar büffeln. Wir können eine riesige Bibel kaufen und sie mit uns herumschleppen. Wir können bunte T-Shirts mit witzigen christlichen Botschaften tragen und überall passende Aufkleber haben. Doch letztlich können andere nur durch unsere Liebe zu ihnen unsere Botschaft klar und deutlich hören.

Jesus sagte zu seinen Jüngern:

> *„An eurer Liebe zueinander wird jeder erkennen, dass ihr meine Jünger seid" (Johannes 13,35).*

Er hatte nicht mal T-Shirts zu verkaufen!

74

Lass es bleiben!

Tom war lange bei einem Psychotherapeuten in Behandlung, weil er immer noch Angst vor Gespenstern unter seinem Bett hatte. Seit Jahren hatte er nachts nicht mehr gut geschlafen. Doch er machte durch die Therapiestunden keinerlei Fortschritte. Daher beschloss er, nicht mehr hinzugehen, sondern etwas anderes auszuprobieren.

Ein paar Wochen später trafen sich Tom und sein früherer Seelenklempner zufällig auf der Straße. Der Psychotherapeut staunte nicht schlecht, wie ausgeruht, entspannt und fröhlich Tom aussah. „Stellen Sie sich vor", sagte Tom, „ich bin geheilt!"

„Ist ja super!", erwiderte der Psychotherapeut. „Sie sehen wirklich viel besser aus. Wie haben Sie das geschafft?"

„Ich war bei einem Verhaltenstherapeuten", antwortete Tom, „und der hat mir mit nur einer Sitzung geholfen!"

„Mit einer Sitzung? Wie hat er das denn gemacht?"

„Ganz einfach", entgegnete Tom. „Er hat mir gesagt, ich solle die Füße von meinem Bett absägen."

Vielleicht hast du auch schon mal von dem Mann gehört, der zum Arzt ging, weil er Schmerzen im Arm hatte. Er verrenkte den Arm ganz seltsam und sagte dann zum Arzt: „Wenn ich so mache, tut es weh."

Der Arzt schrieb etwas auf seinen Rezeptblock, riss das Blatt ab und gab es dem Patienten. Darauf stand: „Dann lassen Sie es bleiben."

Wir müssen oft viel leiden, weil wir immer und immer wieder Dinge tun, die uns Schmerzen verursachen. In Johannes 8 steht eine bemerkenswerte Geschichte von einer Frau, die viel Schuld auf sich geladen hatte und daher gesteinigt werden sollte. Jesus vergab ihr und sagte: „So, und jetzt lass es bleiben."

Da stand er auf und fragte sie: „Wo sind jetzt deine Ankläger? Hat dich denn keiner verurteilt?" „Nein, Herr", antwortete sie. „Dann verurteile ich dich auch nicht", entgegnete ihr Jesus. „Geh, aber sündige nun nicht mehr!" (Johannes 8,10-11).

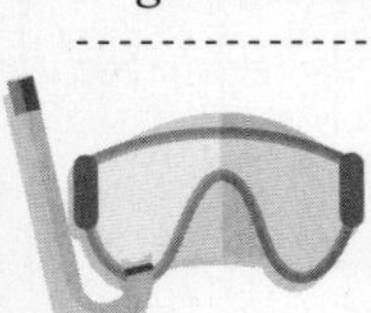

Zum Abtauchen: Johannes 8,2-11

75

Sesam, öffne dich!

Ich sollte gerade als Hauptredner auf einer Firmentagung vorgestellt werden, da fiel mir ein, dass ich meine Aufzeichnungen in meinem Zimmer vergessen hatte. Ich rannte zum Aufzug und schaffte es in letzter Sekunde hinein. Schnell drückte ich auf den Knopf zum neunten Stock und atmete tief ein, damit ich leichter würde und mich der Aufzug schneller befördern konnte.

Der Aufzug hielt im neunten Stock, aber die Türen gingen nicht auf. Wie bekloppt hämmerte ich auf den Knopf. Zu meinem Entsetzen fuhr der Aufzug nun weiter nach oben. Er hielt im vierzehnten Stock an, doch die Türen öffneten sich noch immer nicht. Voller Panik schlug ich gegen die Türen und schrie: „Helfen Sie mir, und rufen Sie am Empfang an. Die Aufzugtüren klemmen."

„Nein", sagte plötzlich eine Stimme hinter mir. „Sie klemmen doch gar nicht."

Ich wirbelte herum und entdeckte, dass der Aufzug Türen zu beiden Seiten hatte. Vor den geöffneten Türen standen sieben Leute, die auch in den Aufzug steigen wollten – aber nicht zu einem Verrückten, der gegen die falschen Türen trat.

Ich schaffte es irgendwie zurück in den Saal und hielt meine Rede ohne Notizen. „Wenn Sie eines Tages treten und schreien, weil sich eine Tür nicht öffnet“, sagte ich zu den Zuhörern, „dann sehen Sie sich um. Gott hat vielleicht längst eine andere Tür zu einem anderen Weg geöffnet und wartet nur darauf, dass Sie hindurchgehen.“

Herr, bewahre mich vor einem Tunnelblick. Hilf mir, meine Augen offen zu halten und das zu sehen, was du mir in meinem Leben heute zeigen willst.

76

Kindergebete

Eltern sollten es sich gut überlegen, ob sie ihr Kind auffordern, im Beisein anderer zu beten. Eine Frau hatte Gäste zum Abendessen eingeladen. Als sie am Tisch saßen, fragte die Mutter ihre sechsjährige Tochter: „Möchtest du das Tischgebet sprechen?"

„Ich weiß doch gar nicht, was ich sagen soll", erwiderte die Kleine.

„Dann sag doch einfach, was du immer von Mami hörst", schlug die Mutter vor.

Das kleine Mädchen neigte den Kopf und betete: „Lieber Herr, warum um alles in der Welt habe ich all diese Leute zum Essen eingeladen? Amen."

Ich wette, das Abendessen verlief danach … ganz nett.

Ich glaube, Gott liebt die Gebete von Kindern. Einmal hatte mein Enkel das Dankgebet gesprochen. Er betete für alle Menschen, die gestorben waren, alle Tiere, die draußen in der Kälte lebten, alle Tiere, die in der Hitze lebten, für Missionare, den Präsidenten, alle hungernden

Kinder ... Als sich mittlerweile alle am Tisch fragten, wie lange das wohl noch dauern würde, stupste der Vater den Kleinen an und flüsterte:

„Und was ist mit dem Essen?"

Ohne zu zögern, antwortete mein Enkel: „Das Essen kann warten." Dann fuhr er fort, für den Rest des Universums zu beten.

Eins meiner Lieblingsgebete stammt von einem anderen kleinen Jungen: „Lieber Gott, bitte behüte meinen Papi und meine Mami und meine Schwester und meinen Bruder und meinen Hund und mich. Ach so, und Gott, pass auch auf dich selbst auf, denn wenn dir etwas zustößt, haben wir hier ein ganz schönes Schlamassel."

Oh ja!

77

Alles

Als ich noch klein war, sprachen meine Schulfreunde immer davon, sich nachts aus dem Haus zu schleichen. Das klang unheimlich cool. Eines Abends blieb ich also wach, bis meine Eltern ins Bett gegangen waren. Ich konnte hören, wie mein Vater schnarchte und meine Mutter ganz gleichmäßig atmete. Sie schliefen tief und fest.

Langsam öffnete ich das Fenster meines Zimmers. Mein Herz klopfte stark, denn ich war sonst ein gehorsamer, wohlerzogener Junge. Das war das Furchterregendste und Aufsässigste, was ich je getan hatte. Ich kletterte aus dem Fenster auf das Dach unserer Küche. Dann hängte ich mich an die Regenrinne und ließ mich zu Boden fallen.

Plötzlich traf es mich wie ein Schlag: Wir lebten auf einem Bauernhof. Im Umkreis von Kilometern wohnte sonst niemand. Ich war ins Nichts hinausgeschlichen. Die einzige Möglichkeit, wieder ins Haus zu kommen, bestand darin, meine Eltern zu wecken.

Also ging ich in den Stall und molk die Kühe.

Ich wünschte, ich könnte sagen, das war das einzig Aufsässige, was ich je im Leben getan habe. Meine Eltern haben mir verziehen, ließen mich aber nie vergessen, wie dumm meine Aktionen gewesen waren.

Ich bin froh, dass Gott viel weiter geht.

Und trotzdem: Ich werde euch alles vergeben – aus freien Stücken. Ich werde alles Böse für immer vergessen (Jesaja 43,25).

Danke, lieber Herr, für deine Gnade und dein Erbarmen. Hilf mir, heute in dankbarem Gehorsam zu leben.